铁路运输的发展与
管理创新研究

曹可　杨维　著

吉林科学技术出版社

图书在版编目（CIP）数据

铁路运输的发展与管理创新研究 / 曹可，杨维著
. -- 长春：吉林科学技术出版社，2022.11

ISBN 978-7-5578-9940-0

Ⅰ．①铁… Ⅱ．①曹… ②杨… Ⅲ．①铁路运输发
展 －研究－中国②铁路运输管理－研究－中国 Ⅳ．①
F532

中国版本图书馆 CIP 数据核字（2022）第 206713 号

铁路运输的发展与管理创新研究

著	曹 可 杨 维
出 版 人	宛 霞
责任编辑	赵海娇
封面设计	树人教育
制 版	树人教育
幅面尺寸	185mm×260mm
字 数	210 千字
印 张	9.75
印 数	1-1500 册
版 次	2022年11月第1版
印 次	2023年3月第1次印刷

出 版	吉林科学技术出版社
发 行	吉林科学技术出版社
地 址	长春市福祉大路5788号
邮 编	130118
发行部电话/传真	0431-81629529 81629530 81629531
	81629532 81629533 81629534
储运部电话	0431-86059116
编辑部电话	0431-81629518
印 刷	三河市嵩川印刷有限公司

书 号	ISBN 978-7-5578-9940-0
定 价	90.00元

前　言

随着现代铁路以技术密集为标志的高度集中化发展，特别是近十年来高速铁路的迅猛发展，铁路运输管理活动的复杂性、互动性及规模化程度不断加大，需要专业管理水平相应的提升，需要有清晰的管理思路和科学的管理方法。以高速铁路为例，目前相关的运营组织理论滞后于运输组织的实践，国外的运营经验也只能借鉴，这就需要更多的专业人士不断积累、总结运营组织经验，探索其中的规律并使之上升为理论，再将成果运用于实践。

随着高速铁路网络化进程的不断推进，希望更多的管理和研究人员关注我国铁路事业的发展，努力探索铁路运营管理特别是高速铁路运营管理的科学规律，不断提高运营管理水平。

由于笔者水平有限，时间仓促，书中不足之处在所难免，望各位读者、专家不吝赐教。

目　录

第一章　铁路行车安全管理

第一节　铁路行车安全保障体系实施框架

铁路运输安全水平直接影响到铁路的市场形象、竞争能力和经济效益，并对社会经济稳定发展和良性运转意义重大。我国铁路运输长期呈超负荷运转状态，行车安全始终面临严峻考验，减少行车事故一直是普遍关注的社会问题和科学技术进步所面临的重要课题之一。随着我国铁路提速工程的实施，安全问题日益突出，传统的安全管理模式已不能适应铁路运输发展的需要。结合我国铁路运输的实际情况，从"人—机—环境"的角度出发，运用系统科学的研究方法，建立起铁路行车安全保障体系，从而提高我国铁路行车安全的整体水平。

根据影响铁路行车安全主要因素的分析，铁路行车安全保障体系应当是一个以"行车人员"为核心、"管理"为中枢、"行车设施设备"为基础、"环境"为条件的实时监控的、开放的"人—机—环境"动态控制体系。该体系一方面要通过先进的信息技术、数据通信传输技术、现代控制技术等安全技术群，实现对铁路行车安全（包括行车人员、行车设施设备和环境安全）的保障；另一方面要在铁路发生行车事故时，能采取必要应急措施迅速进行事故救援。铁路行车安全保障体系是针对铁路行车安全因素采取所有控制手段的有机组合，具有很强的时效性和可操作性，是一项综合性系统工程，主要包括行车人员安全保障、设施设备安全保障、环境安全报警保障和行车安全应急救援系统四个不可缺少的组成部分。

一、行车人员安全保障系统

铁路行车安全保障体系是一个有人参与的复杂系统，人是行车安全保障体系中最重要的且具有能动性的因素。铁路行车人员主要指车、机、工、电、辆、供电等各部门的各级管理人员和基层作业人员，其行为决定了相当一部分系统性能。人和设备都是行车安全保障体系的基本要素，人操纵、控制、监督各项设备，完成各项行车作业，并与环境系统进行信息交流，在发生行车事故时做出果断决策。行车人员的安全意识是行车安全保障体系发挥作用的前提和基础。因此，对行车人员的适应性和行为规范、教育等方面研究便显得尤为重要。例如在选拔、录用和升职过程中，需要从多方面测试候选人员的各种特征；在行车人员上岗前测试分析其思想品质、技术业务水平、身体状况及生理和心理因素等是否适应本岗位行车工作的要求，消除各种事故隐患等等。

考虑到铁路的行车安全具有动态性、反复性、严重性等特点，所以必须对行车人员进行安全教育和岗位技能培训。安全教育是提高人员安全素质最有效的途径，可结合人身安全教育、事故案例和事故预防分析等提高行车人员的安全意识，以及通过导致事故的各种直接、间接原因和其相互间的内在联系深入分析，使行车人员牢固树立"安全第一"的思想，认识到新的危险，认识到变化中的风险。同时，岗位技能培训也是人员安全保障系统的重要组成部分，岗位技能水平、各岗位作业标准执行情况直接影响着行车安全。

针对铁路列车进一步提速的需求，考虑到一些区段铁路由于坡度大、曲线多、半径小等自然环境给机车乘务员驾驶带来的困难，要加强乘务员适应性方面的研究，包括出勤适应性检测、驾驶感知疲劳、驾驶行为疲劳、驾驶失衡疲劳、驾驶可靠性、职业适应性等。另外，由于自然环境和运输组织的特殊性，应当加强行车人员在缺氧和高寒条件下（青藏铁路等）劳动保护和医疗保健等方面的研究。

二、设施设备安全保障系统

行车设施设备包括移动设备和固定设备，其功能是以铁路行车安全、畅通为目标，按照"以设备保安全"的思路，利用分散安装在各个地点的设施设备，通过现在成熟的监测控制技术，及时准确地采集和收集各种铁路行车安全信息，并结合计算机及网络技术的应用，对铁路行车安全相关的各因素进行全方位监控，通过安全可靠性模型处理，将收集到的安全信息利用数据挖掘手段进行深层次的分析，对安全信息做到及时反馈，使铁路行车安全有序可控。

总之是在设备自检、相互监测形成安全监控网络的基础上，动态实时地对危及行车安全的因素进行监测，建立起"机控为主、人控优先"的人机联控安全系统。按照各个监测设备的方位进行设施设备技术群的系统整合，建立包括"地对车、车对地、地对地、车对车"四个相互匹配环节的闭路循环监测子系统（也可按照传统的车、机、工、电、辆、供电等部门进行系统整合），体现"数字铁路"的概念。

一般说来，"地对车"子系统包括货物列车超限、超偏载监测，红外线轴温监测，车轮踏面擦伤监测等；"车对地"监测子系统包括轨道动态监测单元（晃车仪）、机车信号记录仪、综合检测车等；"地对地"监测子系统包括车站微机连锁监测、道岔状态监测、轨道电路监测、牵引供电监测、道口安全监测、桥梁和隧道监测等；"车对车"监测子系统包括列尾装置监测、列车运行监控装置、机车轴温监测、机车故障监测、列车运行品质动态监测、旅客列车车载安全监测等。

应当指出，各设施设备是整个行车保障体系的信息源点，它们在现场布设的合理性将直接影响到整个保障体系的有效性。因此，要按照均衡性、经济性、针对性、便利性、选择性等原则统筹安排，综合考虑各类监测设施设备的具体布点方案。

三、环境安全预警保障系统

环境安全预警保障系统是主要针对自然环境对行车安全的影响采取的必要措施。铁路运输处于全天候的自然环境中，大风、洪水、雪害、雷电、塌方、滑坡等会对行车安全造成危害，我国铁路目前还未形成完善的自然灾害监测报警系统，对自然灾害的抵御能力较差。因此，要通过研究和安装环境监测预警设备，在环境变化达到临界状态前给出报警。

该系统包括沿线地质信息、气候信息系统、水文信息等子系统。沿线地质信息子系统是针对铁路沿线的地质情况设立有针对性的监测点监测地震、泥石流、山体滑坡等地质灾害，一旦上述灾害发生，立即发布紧急信息，确保行车安全；沿线气候信息子系统主要指针对沿线特殊地段的风速和雪害监测，当风速超过安全行车范围时发布紧急信息；沿线水文信息子系统重点监测汛期易发生特大洪水和暴雨的地段，及时发现危及行车安全的汛情。

据不完全统计，全国铁路沿线分布有泥石流沟 1386 条，大中型滑坡 1000 多处，崩塌近万处。20 多条铁路干线、60 多个车站受到地质灾害的严重威胁，这些灾害主要出现在山区。因此在行车安全保障体系中应重点完善山区铁路环境监测预警，并形成网络，监测突发的、随机的自然灾害。可以借鉴国内外先进的环境预警技术，针对山区铁路隧道、桥梁、山体滑坡、落石、泥石流、水害等进行集中监测，给决策者以参考，确保行车安全。

四、行车安全应急救援系统

目前，我国铁路救援工作大多是依靠经验，行车事故发生后往往由于信息传递不够详细，方案制订不够准确，造成救援工作混乱、救援效率低。行车安全应急救援系统是以行车事故发生后尽快消除事故对铁路运输的影响、迅速恢复线路畅通、提高救援效率为目的建立起来的。该系统利用 DMIS 系统（铁路调度管理信息系统）、卫星云图、动态图像传输系统和 RG1S（铁路地理信息系统）等，及时掌握事故和灾害情况，以及事故现场的地形、地貌和设备状况，实施快速救援，减少事故、灾害损失，尽快恢复列车运行。系统包括行车事故数据库、铁路设备地理信息、事故救援决策支持以及行车救援子系统等部分。

行车事故数据库可收集和存储近 10 年来行车事故中人员、设备、环境因素及其事故其他情况，包括事故类型、概况、发生时间、地点、直接作业人员、主要和次要责任者、事故原因、直接经济损失、事故设备状况、事故后跟踪管理等情况信息。可以进行事故查询，提供事故分析报告，包括事故发生原因、事故性质和后果、事故处理意见、事故防止措施等内容，这些内容也是对行车人员进行安全教育不可缺少的内容。

铁路地理信息子系统通过地图与信息相结合的方式，全面、直观、准确地反映铁路设备的分布、现状及技术特征，为行车事故救援工作提供全新的技术手段。按照我国铁路的管理模式，子系统包括铁路局和站段概况图、桥隧概况图、救援列车设备概况图、车站平面图、枢纽示意图等，可以采用空间导航、地址匹配等定位方式，使用户快速地定位、显示行车设备图，为行车事故救援提供决策依据。

事故救援决策支持子系统将事故现场的信息通过系统内部推理，结合汇集尽可能多经验的专家救援知识库，根据事故地点、机车、车辆脱轨、颠覆状况、线路损坏和救援设备等条件，快速推理、制订出合理、有效、准确、符合现场实际的救援方案，克服经验决策的局限性，必要时能对推理出的方案进行解释。系统内的知识库主要存放事故救援专门知识、线路详细情况以及救援力量分布等等，其推理可以采用正向逻辑推理，通过将用户输入的原始事故信息与知识库中的规则的前提条件进行匹配得出结论，这也是该子系统建立的难点所在。

行车救援子系统包括消防车、医疗救护公安、救援列车和综合维修基地，其中综合维修基地又由大型机械化养路段、动车拖车维修、供电接触网维修、工务维修、通信信号维修等部分综合组成。可以利用其他各子系统所得信息，充分掌握列车的运行情况，开展综合性的行车救援工作。

从"人—机—环境"的角度，建立铁路安全保障体系是强化和完善铁路行车安全管理的重要措施，有利于行车安全信息集中统一管理，增强各部门间相互沟通能力，提高处理行车安全问题的工作效率。保障体系实施框架为我国铁路行车安全保障体系的建立提供了明确的思路，建议在以下几个方面进行深入的研究。

（1）铁路行车安全保障体系要有一套安全可靠性理论作为支撑。以往的铁路行车安全可靠性研究都是分析以设备为主的系统故障性、可靠性指标等，很少从总体上在"人、机、环境" 3 个方面对行车安全保障进行研究，从而做出有针对性的综合评价。建议从危及行车安全的各种因素入手，创立铁路行车安全保障的可靠性理论体系，为进一步研究奠定基础。

（2）建立不同级别的安全监控中心对安全信息进行综合管理。铁路固定设备、移动设备、各环境监测系统等采集到的设备情况以及环境状况等信息通过行车安全综合监控网络传送到行车安全监控中心（可以设在调度指挥中心），该中心按铁路局和站段分设，铁路局安全监控中心能够及时准确地处理各个监测系统产生的信息，分析传送的数据，并对数据进行归纳、整理和分析，负责按车、机、工、电、辆、供电等部门分类存储，能通过数据挖掘分析技术获得行车安全增值信息，再对各类数据进行模糊评价，评定危险等级，进行综合决策，在发生行车事故时决定是否启动行车安全应急救援系统，然后将危及行车的安全信息传送到各个行车相关部门，以便及时采取有效措施，保证行车安全。同时，站段安全监控中心将各种信息传输给铁路局监控中心备查，或遇有需要铁路局决策的信息时请示铁路局安全监控中心寻求帮助。另外，各相关部门将处理结果以及危及行车安全因素分析及时反馈到铁路局安全监控中心。

（3）建立和完善必要的信息传输网络，确保信息传输有条不紊。各个监测系统信息传输网络分为地面网络和车载网络。地面信息传输网络是指各监测点接入区间综合信息传输系统，再进入站（段）局域网，从站（段）接入综合监测系统，数据流向为监测点（区间传输系统）—站（段）局域网—铁路局安全监控中心；车载网络是各监测点接入车载局域网，经车载信息传输系统直接发送到铁路局监控挥中心，数据流向为监测点—车载局域网—车载信息传输系统—铁路局安全监控中心。

（4）对高速铁路的安全保障体系进行专项研究。高速铁路也是由车、机、工、电、辆等诸多部门联合完成的开放型复杂动态系统，其基本要素的构成也是"人—机—环境"相互关联的系统，但与普通铁路相比，存在着列车运行速度和密度的极大差别；存在着现代高新技术含量上的巨大差异；存在着人、机功能分工和组合上的差别。可以预见，高速铁路的固定设备和移动设备必然将大大强化，对行车人员的素质要求大大提高，发生行车事故的潜在概率也比较大，所以必须加强适应我国实际情况的高速铁路安全保障体系的研究。

第二节　高速铁路运营安全保障体系

经过近 10 年的建设与发展，我国高速铁路在技术集成、运营管理方面都取得了突破性进展。我国高速铁路在国民生产生活中已成为不可缺少的交通工具。高速铁路是高新技术的系统集成，与普速铁路相比，存在着现代科技上的巨大差异；存在着人、机功能分工和组合上的差别。高速铁路运营列车的速度大、行车密度大、安全要求高等特点，使高速铁路在各方面安全管理都要比普通铁路严格许多。在日常运营中，突发的设备故障、恶劣天气、异常事件将极大影响列车运行秩序，威胁列车运行安全。安全是高速铁路运营的生命线。国外没有像我国这样大规模地建设和运营高速铁路，这是我国不同于其他国家之处，研究高速铁路运营安全具有更重要的现实意义。本节结合高速铁路运营事故分析、国外高速铁路运营安全对策、我国高速铁路安全现状分析，根据安全系统工程原理，"人—机—环境"管理的角度，结合安全风险管理的理念和方法，提出建立起高速铁路运营安全保障体系，以便为我国高速铁路运营安全保障提供思路和方法。

一、高速铁路运营事故简析及国外安全对策

高速列车的软、硬件要求较既有线列车有了很大的提高，其列车运行规律、性能及其与环境的相互作用等也与普通铁路列车有本质上的区别。高速铁路发展至今，全球共发生过多起恶劣的高速列车运营事故。

（1）特别重大事故：1998 年德国的 ICE884 次列车因轮箍断裂造成列车脱轨，造成100 人死亡，60 人重伤；2005 年日本新干线福知山线因列车超速脱轨造成 107 人死亡，549 人重伤；2011 年我国 "7.23" 甬温线因雷击信号失效造成动车追尾事故，造成 40 人死亡，210 人受伤；2013 年西班牙 Alvial51 列车由于超速行驶造成脱轨事故，造成 80人死亡，170 人重伤；2015 年 11 月 14 日，法国高速列车在法、德境内斯特拉斯堡附近测试试验时，在高速线向既有线运行时因超速坠桥脱轨，造成 11 人死亡，42 人受伤，其中 12 人重伤。事故发生时，车上总人数为 53 人（法铁技术人员 49 人）。

（2）重大事故：2002 年法国发生一起一辆由巴黎开往维也纳的高速列车由于列车电路短路造成车内 12 人窒息死亡的重大事故；2006 年法国一列高速列车由于轨道路基缺陷造成列车出轨，导致 14 人受伤。

（3）一般事故：2004 年日本由于地震造成 "朱鹭 325" 次列车出轨，但没有造成人

员伤亡；2011 年韩国一辆 KTX 列车由于列车螺母松动造成列车脱轨，导致全线停运；2013 年首尔由于调度失误造成 3 列列车碰撞，导致 9 节车厢出轨，无人员伤亡。

可见，高速铁路运营事故是由于设备故障（包括固定设备、车载设备、轨道线路、信号控制、供电设备）、环境气候变化以及人的失误（行车人员失误、司机误操作）等三个因素相互影响、相互作用的结果。

目前，日本新干线、法国 TGV、德国 ICE 是世界上高速铁路运营方面的三大体系，三个国家虽然都有完善的技术设备和人员保障，但由于设备故障或恶劣的自然环境造成的事故仍然屡见不鲜，三个国家都在结合自身国情和常见故障类型制订应急预案积极研究新技术保障高速铁路运营安全。主要包括：按照"科技保安全"的思路，在先进技术上为高速铁路安全提供必要的基础保障；考虑到设备的正常运转离不开人的正确操作，逐步深化实现人机系统的协调统一；因自然环境、地形特征和运营条件等不同，在结合运营实际方面采取重点防护的策略；对设备、人员操作、环境影响等方面实施行之有效的监控；在管理上加强安全监督等。

二、我国高速铁路安全现状分析

我国高速铁路已经成为以 CRH 为标志的世界上高速铁路运营第四大体系。但是，我国高速铁路技术从国外引进，消化吸收再创造时间较短，目前尚处于磨合期，高速铁路安全规律尚在摸索之中。高速铁路是由土建、轨道、车辆、供电、通信、信号和控制等多个子系统构成的复杂系统，是高质量、高稳定性的土建工程、性能优越的高速列车、先进可靠的列车运行控制系统以及高效的运输组织管理体系的集合体。根据安全系统工程的事故致因分析，任何事故都是由人、机、环境、管理四方面的因素造成，我国高速铁路安全现状相关分析如下。

（一）行车人员风险问题

高速铁路安全系统中的"人员"是指作为工作主体的人（操作人员或管理人员），如高速铁路行车系统的司机、值班员、调度员、高速铁路调度值班副主任等，他们既是安全管理的实施者，又是安全管理的实施对象，在安全系统中起主导作用，是高速铁路安全系统的核心。在高速铁路运营系统中，"人"通过对铁路基础装备的操纵、控制和监督来完成各项作业，铁路运营中的部分事故是由人的不安全操作引起的。"人"既可以是事故的引发者，又可以是事故的受害者，具有双重属性。

面对高速铁路高精端的先进设备，行车人员是高速铁路安全防护的一层防线。高速铁路调度是日常高速铁路运输组织的指挥中枢，承担着日常运营组织及非正常应急处置等重要职责，是高速铁路运营安全生产的关键。随着 CTC 分散自律调度集中在高速铁路区段的普遍应用，高速铁路调度不仅承担着传统意义上的调度指挥，也取代了既有线车站值班员负责车站的作业指挥方式，仅在中间站设置一名应急值守人员负责日常的行车安全应急处置工作。高速铁路作业人员包括列车调度员、动车组司机、随车机械师、车务应急值守人员及其他相关人员，其行为贯穿于整个运营组织、作业、运行的全过程，在很大程度上决定了高速铁运营安全的可靠性。大量新技术设备的投入使用，对高速铁路作业人员的综合素质、应急处置水平提出更高要求，需要作业人员具有更高的技能和更全面的知识结构，工作中的疏忽、高速铁路设备操作错误以及在动车组运行过程中发生的设备故障处理不当等，都将直接或间接地构成安全隐患。当前高速铁路作业人员素质不相适应，而且部分高速铁路司机、维修人员工作压力较大，疲劳程度高。主要表现在以下方面：

（1）高速铁路技术发展迅猛，但行车人员缺乏必要的培训。例如，目前高速铁路车站人员业务培训还没有相关的模拟系统，行车人员素质和技术水平并没有同步提高，很多时候是按照普铁的安全管理做法管理高铁，高速铁路需要更加敏感的安全风险意识，其应急处置具有突变性和紧迫性。

（2）列车调度员直接指挥动车组司机，司机直接向列车调度员汇报或反馈信息，车站仅设应急值守人员，按线编制《行车组织细则》，不仅是作业层面，而且技术管理也要求上移至铁路局。近年来，在高速铁路运营实践中，受设备条件、传统观念、部门本位主义求稳避责等影响，遇问题往往习惯上立足于传统思维，采取传统作业组织方式解决，不能适应新的作业环境和新的作业要求，特别是随着高速铁路大幅度开通运营，矛盾较突出，风险不断。

（3）车站行车人员素质不适应。高速铁路车站值班员（应急值守）岗位，在高速铁路运营之初依靠既有普速铁路站段选拔一批优秀车站值班员到高速铁路车站，但随着高速铁路运营规模增加，通过普速站段培养输送满足不了高速铁路站段需求。

（二）设施设备风险问题

设施设备是指高速铁路运营系统中影响运营安全的基础设施和关键设备，如高速铁路行车系统中的线路、轨道、桥梁、接触网、动车组、通信系统、电务信号、调度指挥系统等。高速铁路设施设备从设计制造开始，故障—安全的设计原则就贯穿始终。高速铁路设备可分为线路、接触网等固定设备，动车组移动设备和 CTC 调度集中等软件使用设备。整个高速铁路系统是一个大综合体，涉及车站、计划编制、维修、调度等众多部门，要保证高速铁路运营的安全，各子系统必须互相配合、协同作业。高技术不等于高保险。随着高速铁路的快速发展，高速铁路设备的安全隐患在高速铁路运营管理中逐步显现。

（1）设备故障情况。以京沪高速铁路为例，据统计，2014 年该线发生的设备故障中，车辆故障主要包括走行部、车门、空调、连接装置故障，轴温高，制动装置故障，轮对及转向架故障；供电设备故障主要包括接触网挂异物、供电单元跳闸、受电弓故障等；其他还有 ATP 故障。信号和通信设备故障包括高速铁路信号设备采用 CTCS-2、CTCS-3 列控系统，CTCS 列控系统与计算机联锁设备、ZPW2000 轨道电路等既有信号设备的联通，以及与 CTC/TDCS 调度指挥系统、GSM-R 铁路移动通信系统故障等故障；还有道岔故障、CTC 设备故障等。遇有设备故障情况发生，列车运行秩序就相应会被打乱，客观上降低了运输能力。

（2）部分高速铁路线路基础存在隐患。因为高速铁路线路 80% 以上采用高架形式，有些线路由于地下水的开采过度，地面发生沉降的情况比较严重，导致高速铁路线路线位不稳定，特别是高架线路与地面线路的衔接部位，容易产生三角坑等线路病害。

（3）有时动车组车载控制系统与信号设备间的兼容性存在不协调。在动车组故障实际处理过程中，动车组机械问题主要涉及走行部、车门、空调、连接装置等，出现问题后，随车机械师只要一复位就消失，但问题的原因有时尚不能分析清楚。

（4）我国高速铁路信号设备是在引进国外技术基础上，结合国内有关已有成熟技术，再进行自主研发创新，在各关键技术的融合方面有时会出现问题。例如，高速铁路信号设备采用 CTCS-2 级、CTCS-3 级列控系统、CTCS 列控系统与计算机联锁设备、ZPW2000 轨道电路等既有信号设备的联通，以及与 CTC/TDCS 调度指挥系统、GSM-R 铁路移动通信系统等接口产品均处于磨合阶段，有时会出现 C3 无线连接超时、进路预告丢失、应答器报文丢失等故障。

（5）在大部分大型客站、枢纽车站以及高（速）普（速）合一车站采用调度集中下的车站操作模式或非常站控模式，即由车站值班员办理行车作业，采用车站操作方式时，车站值班员接收列车调度员下达的列车运行计划，要与调度集中设备中的操作指令（进路序列，包括车次、时间、接发股道等）或 TDCS 阶段计划（非常站控时）逐条核对，再口头指示信号员逐条人工点击指令（或控制台信号始终端按钮）执行，进路发生抵触时均需请示列车调度员，相应增加作业环节，容易导致错误操纵的安全风险。

（6）设备设施还不能完全保障安全。面临复杂的运输环境，设备设施中报警信息易出现差错，卡控功能有时出现问题，相关的程序也就需要不断升级。例如，高速铁路个别雨量报警点、报警里程和区间在防灾系统界面上不一致，给调度安全带来一定程度的隐患。

（三）环境风险问题

自然灾害是影响铁路运输安全的主要因素之一，主要包括大风、暴雨、泥石流、山体塌陷、地震、高空坠物等。这些因素都会对铁路的正常运行产生影响并有可能造成危害。相比普速铁路，高速铁路受外界环境的影响要大得多，对环境条件的要求要高很多。因此，要保证高速铁路的安全、顺畅运行，必须重视自然环境带来的影响。

环境是对高速铁路运营安全有重大影响的要素群，恶劣的天气条件、地震、泥石流等自然灾害都有可能对运营中的线路造成破坏，从而使运行中的高速铁路列车发生脱轨、颠覆、冲突等重大事故，这给高速铁路运营带来了安全隐患。

（1）强风和横风。强风的定义是指风力达蒲福氏风级6级至7级，即每小时41~62km，相当于每小时22~33海里或每秒11~17m的风速。强风可能导致接触网剧烈摇晃，当高速铁路列车通过时，受电弓和接触网不能以正常的接触方式接触，造成离线放电，也有可能直接把接触网或者受电弓刮断刮落。另外，高速运行中的列车受到强风的影响，会导致车厢的剧烈摇摆，甚至引起列车的侧翻；横风对高速铁路的影响作用机理是通过与高速运行的列车发生气动作用，产生使高速列车横向偏移的侧向力以及让列车脱轨的升力。国内外研究表明，当高速列车速度达到300km/h的情况下，若遇到15m/s的横风时，高速列车的脱轨率将达到0.5以上。

（2）暴雨。暴雨对高速铁路旅客运输安全的直接影响比较小，但是它可能引起山体滑坡、泥石流等自然灾害，这对高速铁路列车运行造成了安全隐患。暴雨过后也可能产生比较严重的洪涝灾害，很多高速铁路设备如果长时间浸泡在水里，可能导致损坏，同样也会影响到高速铁路列车的运行。

（3）地震。地震对高速铁路旅客运输有很大的影响，地震可能导致轨道、桥梁、隧道等铁路建筑产生安全隐患，而且地震又是比较难预测的一种自然灾害。地震离我们并不远，2015年5月合肥地区六安发生3.3级地震，震感强烈，采取的措施是车站值班员电话通知及时扣停两列动车，处置果断。

（4）泥石流。泥石流是一般发生在地形险峻的山区，受到暴雨、地震等其他自然灾害因素的影响导致山体滑坡，伴随着大量的泥沙石块的特殊洪流。泥石流是一种流速快，流量大，破坏力非常大的自然灾害。若高速铁路线路附近发生泥石流，则会冲毁高速铁路路基，引起高速铁路旅客运输中断，更有可能直接冲毁运行中的高速铁路列车，导致人员伤亡和财产损失。

（5）雪灾。雪灾是高速铁路旅客运输中需要重点防范的一种自然灾害。雪灾会影响到轨道的正常状态，如果形成冰的话，会引起到轨道和车轮之间的打滑，很有可能引起列车脱轨或者侧翻。同时，暴雪会造成接触网的坍塌，影响高速铁路列车的供电。

为监控环境的变化，主要通过高速铁路防灾安全监控系统统一的平台实现，主要包括风、雨量、异物侵限、地震监测子系统。目前防灾系统在设计标准、运用环境、报警标准设置等方面大部分是借鉴国外经验，在实际应用中也出现一些不协调，除了技术本身成熟需要一个过程外，在山区和沿海线路，对基点设置密度、设置位置若不十分合理，也易出现部分基点报警信息失效等问题。甚至同一系统中，采取两种报警模型版本，也会给日常安全处置问题带来一定的难度。另外，各铁路局防灾系统报警标准不统一。例如，防灾大风监测。系统直接与调度所相连，通过调度员命令反馈给司机，而不是由车载接受，这样的时间差，存在一定的安全隐患。再如，上海局防灾系统部分监测点报警信息跨徐州东局界口时，因济南局列车调度台防灾终端无相应点显示，导致相关报警信息需上海局列车调度员人工通知济南局调度员，同时因上海局与济南局对风雨报警限速阈值不一致，造成同一报警信息两局列车调度员对列车运行处置方式不一致。

（四）安全管理风险问题

高速铁路系统的安全运行，除了要有较高的人员素质和先进的技术装备来保障外，还需要高效的"管理"。安全管理就是要以安全作为最终目标，通过对作业人员的心理、业务培训，使人员能够胜任各自的行车岗位；建立健全完善的考核、奖惩机制，提高各行车岗位人员的安全意识，制定严谨的规章、制度，明确各岗位作业规范，并对行车设备、设施建立起完整的检查、维护、检修、故障处理等制度，由铁路各级安全监察、各业务处、科室监督执行。

高速铁路安全管理问题主要体现在高速铁路规章制度的制定与实施等方面。目前总公司、各铁路局颁布了若干关于高速铁路管理的规章及制度，但尚未形成体系，存在作业标准不统一、技术标准不健全、规章制度发布不及时及一些突出问题没有规章依据等问题，有时则受限于规章的不完善和修改不及时，目前基本处于制定初期的状况。

（1）高速铁路规章尚未形成独立体系，与既有线规章相互交织，造成执行困难。目前总公司、铁路局颁布的高速铁路规章中均规定"未规定事宜按《技规》《行规》等有关规定执行"，实际上既有线规章在很多方面已不适于高速铁路的情况，如天气恶劣距200m难以辨认列车信号显示的行车办法、高速铁路上列车降弓运行时供电人员显示降弓手信号的规定就不适应高速铁路的行车组织。

（2）高速铁路的规章制度"政出多门、相互矛盾"。各系统在发布高速铁路的规章、应急预案与非正常处置办法时，存在各部门单独发文，相互矛盾等现象，造成高速铁路作业人员具体执行困难或无法执行。

（3）高速铁路安全风险的理念和方法需要深化。特别是在设施设备故障条件下，结合部安全管理问题没有深入，安全隐患、危险源需要得到有效分析。

三、高速铁路运营安全保障体系的构成

高速铁路具有高速度、技术构成复杂、集成化程度高、耦合程度高和组织一体化等特点，是人、机、环、管互相交融的动态复杂系统。在高速铁路旅客运输安全系统中，管理是协调"人—机—环境"三者的中枢，人是系统的核心、机是系统的基础、环境则为系统的条件。管理必须贯穿系统中的每一个细节，在系统中处于统筹作用。人是系统的主体，机的设定和环境都要满足人所需的条件，每个人都处于管理或者被管理的状态。针对高速铁路运营的错综复杂性和极端重要性的特点，高速铁路运营安全管理的对象是人、设备和环境以及由它们所构成的系统和结合部，四者互相作用、互相影响。高速铁路运营安全保障体系涉及人、机、环境、管理四个因素，是一个以人员管理为核心，人、机和环境控制、监测及管理的综合系统，具有很强的针对性和实用性，其主要目的就是将影响高速铁路运营安全各因素处于被约束与受控状态。

（一）行车人员保障系统

行车人员是最重要的资源，高速铁路运营安全保障体系把人员作为要考虑的问题，由于人的因素在高速铁路运营安全中占有很大比重，控制人的不安全行为至关重要。高速铁路作业人员作为高速铁路运营的指挥者、设备的操作者，可按照可持续发展的原则，建立行车人员保障体系。

1.人员选拔与准入

高科技的设备，人员的素质跟不上高速铁路发展，甚至出现断层。考虑到高速铁路安全压力，在准入过程中，性格适应性、心理健康、职业动机、应急处置能力状况等都需要测评。在调度空间记忆力、逻辑推理能力、压力负荷承受能力需要考查。要进行紧张和压力负荷条件下人为工程因素研究与分析。按照高起点、高标准的要求配备高速铁路作业人员，坚持按照新的管理体制、新的作业流程设置岗位、配备人员，人员配备必须精干高效，体现兼职并岗、一岗多能的特点。高速铁路作业人员要具备既有客专、CTCS、电气化、动车组运营、安全防灾和CTC系统操作等知识，最好还要兼有既有繁忙干线的岗位的精力。坚持优中选优、高标准把好人员入口关，严格从既有线和生产骨干队伍中择优选拔。按照岗位分工不同，高速铁路列车调度员分为主调和助调，主调岗位要突出应急处置能力和实践经验，助调岗位突出设备操作运用熟练程度和作业标准化。

2.加强应急处置水平培训

围绕应急处置，需要建立相关实战场景拓宽培训内容。可应用各种仿真理论和现代仿真技术，实现各高速铁路相关工种的仿真集成环境，建立起一个综合、集中、透明的现代化仿真系统，为高速铁路作业人员提供先进的培训环境，在模拟平台上，模拟设置出各种设备故障类型和铁路交通事故，要求高速铁路人员进行预处理，建立并导入各种应急预案和事故处理方案数据库，对高速铁路人员的模拟操作综合进行电脑评析，并提出修正方案，不断提高高速铁路作业人员的实操能力和应急处置能力。

（二）设施设备保障系统

面对设备上的种种隐患，需要从以下两个方面统筹着手：一是科研部门加强对核心设备吸收与创新；二是运营部门要加强设备的养护维修。

1.确保设备高可靠性

（1）高速铁路运营安全需要从线路基础、列控系统、动车组、接触网等多个系统的集成，各系统技术来源不一，彼此间的协调十分重要。对引进技术的消化吸收，吃透核心关键，特别在各种系统间相互兼容方面要高度重视。

（2）目前在用的各个系统或多或少存在不足，要克服设备存在的缺陷：如 RBC 无线闭塞中心在特殊条件下存在漏发临时调度命令、在 RBC 分界处存在行车许可突变等情况，需要在设计研发控制设备时综合考虑各种情景。

（3）相关研发单位应建设高仿真条件下的设备模拟试验运行，加强设备模拟环境下运行试验，使多种设备在模拟环境中加以联合测试，以求高速铁路设备运行的可靠性和稳定性。

2.加强养护维修

（1）从高速铁路施工维修天窗看，高速铁路实行夜间垂直天窗修，工务、电务和供电部门共用一个时段的天窗时间，需要相关工种互相协作，合理利用好施工天窗时间，天窗安排单位要不断优化施工方案。

（2）高速铁路区段高密度列车运行，设备养护直接关系到高速铁路运行安全，为此须对关键设备建立设备养护档案，从制度上保证设备养护的可靠性。同时，设备管理单位要建立设备的巡查制度，加大对设备的巡查，及时有效地发现设备的安全隐患。

（3）加速综合检测监测需要研究。高速铁路技术经历了引进、消化、吸收和创新的过程，但我国高速铁路综合检测监测技术并没有经历这一历程，高速铁路技术需要检测和监测。这个技术需要自主创造和创新，高速铁路技术装备和沿线环境检测和监测、综合数据分析处理和运营维修辅助决策支持新技术为一体的现代化高速铁路设备综合巡检车，是集高速铁路工、电、供电关键设施设备一体化的检测监测技术。

3.确保设备设施缺陷情况下的安全

在设备不能确保安全的情况下，要牢固树立"有变化就是风险"的安全理念，要求调度人员要有敏感性、高度的责任意识和安全风险意识，并充分发挥好班组自控、互控、他控的作用。如针对雨量报警防灾系统界面出现的问题，沪宁城际防灾系统 K151+636 雨量报警点报警，弹出的对话框显示里程为"K149+544-K155+446"、区间为"无锡—丹阳"。当时在岗位把关的值班副主任发现里程所对应的区间应为常州—戚墅堰—惠山，要求主调、助调认真核对，正确发布限速命令，避免了因命令里程和区间不符而造成接收命令司机产生误解的安全隐患。此后，又对全局防灾系统所有雨量报警点一一进行了核对，发现疑似问题 22 处，调度所上报相关单位和厂家联合对接确认，统一修改系统软件，在未修改到位前，采取相关措施防止调度命令内容不准确给司机造成误解。

（三）环境保障系统

铁路安全防灾对于我国高速铁路来说属于边缘新兴学科，各子系统监测点特别是各类探测器、传感器的布点、选型与研制，各防灾子系统报警标准以及相关应用软件的研究和开发等工作还需要不断深入进行，才能使安全防灾技术不断发展，以满足高速铁路安全运行的需求。

（1）高速铁路安全需要装备功能全面、精确可靠的防灾报警监控和视频监视系统，需要结合我国各地区实际，明确强风、暴雨、落物、地震相应等级的预测报警系统，以便及时采取各种预防措施，控制列车运行速度，防止事故发生。必要时可对某高速铁路全线安装视频监控系统，可对重点区段和设备设施进行 24h 实时监控，还可在高速铁路沿线重点路段安装监控摄像头，以便高速铁路作业人员随时监视。借助先进设备保障的同时，高速铁路作业人员就要不断监控列车运行，关注设备、环境的变化，遇有高速铁路防灾系统监控应急情况，相应需要启动相关预案和安全措施，来确保环境变化的安全，发现险情时，正确、处理果断，确保高速铁路运营安全。

（2）重视铁路局间的合作。与济南局协商合作，要求在防灾系统报警执行统一技术标准和作业制度；在枣庄东—徐州东站间，济南局调度在运行调整过程及时排点，并将列车运行情况及时通知我局，特别是遇有列车运行秩序紊乱时，加强双方调度之间的对接和信息共享，共同协作努力调整好列车运行秩序。

（四）安全管理保障系统

安全管理针对的是系统安全的非技术因素，安全体系的建立是全方位多因素制约的复杂过程。按照实现人、机、环境和管理系统的最佳匹配的原则，不断提高高速铁路运营安全管理的科学化和标准化。总公司应对既有线规章与高速铁路规章进行梳理，明确各项规章及有关条款的适用范围，剥离相互交叉和制约高速铁路发展的内容，为现场作业人员提供明确的规章依据；铁路局要以总公司颁布标准及时修订、补充、完善高速铁路规章体系，建立健全相关规章制度、作业标准，对高速铁路运营暴露出的规章盲点和难点问题，要及时制定应对措施和细化办法；各系统、各部门在制定、发布高速铁路规章前，要严格执行有关技术规章管理办法，对涉及其他专业的综合性规章，严格执行会签制度，杜绝各个系统发布规章相互矛盾的现象。另外，总公司、铁路局要全面梳理、完善高速铁路应急救援管理办法，细化高速铁路防灾应急预案，形成系统、完整、准确、一致的预案，指导现场应急处置工作，以安全、快速、高效的应急处置，满足高速铁路对运行秩序的高品质要求。

第三节　基于风险耦合的车务安全薄弱环节

确保行车安全是铁路车务系统永恒的主题。随着现代铁路以技术密集、高风险为标志的高度规模化发展，铁路车务安全问题已不仅是一个单纯的管制问题，它已经成为一个更加系统的安全管理问题。铁路运输业是高危行业，车务系统点多、线长、面广、跨度大，并涉及天、地、人、车、图等因素，安全风险日益增加，安全风险管控难度日益增大。组成铁路车务系统的人、设备、环境、管理四个要素按照一定的组织、标准和顺序运动，就可形成风险耦合。根据车务安全影响因素的特点，引入风险耦合分析方法，以便为判断交通安全事件各环节作用过程的安全风险以及可能发生的安全事故的个体风险加深认识；再通过分析近五年车务系统事故和安全管理上的薄弱环节，提出相关对策和建议，目的是为确定车务安全管理工作重点、为提高安全管理效率提供辅助决策。

一、风险耦合内涵及分类

铁路车务安全各要素之间存在着风险耦合，这种耦合是指车务安全体系中的两个或两个以上的子体系在通过各种相互作用而彼此影响的过程中，由于事件发生的不确定性可能引起的影响及偏离预定目标的综合。铁路车务系统是一个复杂的动态系统，涉及人为、设备、环境和管理因素。其中，人为因素风险是指与安全相关的日常工作及人员的素质和能力所引起的风险，包括心理、生理和技术因素风险等；设备因素是指安全系统中与安全相置、完好性、利用率、故障率等所引起的设备设施风险等；环境因素是指安全系统运行的内外环境等；管理因素是指安全系统中的安全指导思想、组织结构、规章制度、教育培训和安全文化等引发的风险，包括管理不当、规章制度不合理、工作程序不合理、决策失误、执行决策不力、管理制度落实不到位和人力资源管理不配套等风险。四个系统都是独立的，但是系统间的风险因子通过彼此的相互影响及作用、相互依赖就构成了风险耦合，可归纳为以下几种类型：

（1）单因素风险耦合：这是指影响车务安全的单个风险因素中的风险因子间的相互作用及相互影响，其特点是：分布范围广，涉及安全的方方面面，从而引发安全风险，发生事故的概率较高。常见的有人—人、设备—设备、环境—环境、管理—管理风险耦合。每一种风险因素又由众多的风险因子组成，各风险因子间的耦合作用可能导致风险增大。

（2）双因素风险耦合：这是指影响风险的两个风险因素中的风险因子间的相互作用及相互影响，其特点是：发生交通事故的概率较大，若不加以控制，很可能导致交通事故。常见的有人—设备、人—环境、人—管理、设备—环境、设备—管理、环境—管理风险耦合。例如，由于环境变化导致环境本身存在不安全状态，人—环境风险耦合经常发生。

（3）三因素风险耦合：这是车务三个风险因素间的耦合，其特点是：发生的概率极大，而且事故一旦发生，会对事发地的环境和社会环境带来严重的影响。常见的有：人—设备—环境、人—设备—管理、人—环境—管理、设备—环境—管理风险耦合。

（4）四因素风险耦合：这是人—设备—环境—管理风险耦合。例如，由于环境的变化引起行车设备发生故障导致非正常行车，行车人员因为组织失误加上干部管理失控等因素综合导致车务安全事故的发生。这种情况发生的概率也很大，不容忽视。

通过以上分析可知，铁路车务安全管理涉及众多影响因素，并且影响因素之间关系复杂，由于不同风险因素中的风险因子相互作用、耦合，形成了车务系统风险耦合。风险耦合的形成使得车务安全风险变得复杂，风险值也相应增大。

二、车务系统事故梳理及安全管理的薄弱环节分析

（一）车务系统典型事故梳理

通过对全路车务系统近 5 年发生的 611 件典型事故进行汇总、分析，事故分布情况如下：

（1）接发列车方面：在全路 103 件接发列车 D 类事故中，作业人员错误操纵、使用行车设备耽误列车或违反劳动纪律、作业纪律耽误列车合计 75 件，占 72.8%。防错办一直是车务安全控制的重点，特别是设备故障后的应急处置和非正常接发列车防错办控制。

（2）调车作业方面：全路232件调车D类事故中，涉及平面取送178件，占76.7%；驼峰解散43件，占18.6%；平面溜放11件，占4.7%；事故主要集中在"挤、脱、溜、撞"等方面，涉及车辆防溜、调车进路、调车速度等环节。

（3）劳动安全方面：全路车务系统68件人身伤害事故中，涉及调车作业53件，占78%；试风、扫雪、清扫、应急处置等上道作业13件，占劳动安全的控制重点主要集中在调车、上道作业等人员，特别是在调车人员上下车、进当作业和穿越线路和车辆，以及应急处置人员上道作业方面，由于控制不到位导致的人身伤害事故。

从上海局车务系统发生的责任事故情况看（2012年5件、2013年3件、2014年4件），除了与全路有共性外，在接发列车事故中，车站值班员不布置、信号员盲目办理以及不核对确认相关调度命令等一再发生；在调车作业事故中，特别是自动化驼峰作业中的盲目手动干预，峰尾防溜不到位以及入线检查、前部领车、距离掌握和动态防溜等方面问题是导致事故发生的主要原因；在劳动安全事故方面，发生在调车人员身上和在调车作业中发生的劳动安全事故分别占64.2%、71.4%，特别是集中发生在替班、新职调车人员身上。

综合全路以及上海局车务系统近5年来发生的事故情况，职工的"两违"是造成事故的最主要因素，是由于管理失职、作业违章、风险失察以及技术管理失误等一系列风险耦合的结果，四种风险耦合类型都有。例如，从2015年全路几起调车冲突和抱闸开车事故一般D类事故反映出的调车作业过程中的群体性违章行为即多人风险耦合是造成本起事故发生的直接原因，车站值班员、调车长等多人群体性违章，作业工序之间环环失控，直接导致事故发生。

二、车务安全管理存在的薄弱环节

1. 人员保安全的素质、素养和技能需要不断提升

（1）安全意识理念需要不断提升。安全是铁路的饭碗工程，安全是一切生产活动的底线，安全具有复杂性、艰巨性、责任性、动态性、随机性，安全管理就是把无序的安全状态变为有序的安全状态，有序的状态再进一步到更有序，目的是维持动态的安全稳定性，从而不偏离既定目标。如何在动态的安全中把控安全，首先就就要不断提高职工的安全理念，而且要与时俱进，才有可能抓好安全。但是现实情况是，职工安全理念提升是一个不断完善的过程，需要不断强化，永无止境。例如，大量的事故教训警示我们：安全意识不高常常导致安全基础的弱化和安全逐级负责制"断层"，制定的规章制度，部分职工缺乏责任心，没有认真去落实，事后分析很多事故原因都属于最基础、最基本

的安全知识失误。

（2）作业人员业务素质和技能的提高难以掌控。作业人员业务素质和技能的提高与现代铁路的发展不相适应：一是当前业务素质欠缺和新职人员业务不熟，以及站段管辖范围的逐渐扩大、职工通勤等客观上不利于职工素质提高的因素尤为突出。二是教学设备欠缺、专兼职教师素质不高等因素在现有条件下对职工业务素质提高影响很大。三是新设备、新技术的广泛运用，一方面对使用人员—车务作业人员的素质提出更高的要求，需要职工技能同步提高。另一方面，由于实操培训设备的缺乏、设备操作界面的复杂化，工作流程相对繁琐，这又制约了职工业务培训工作的有效进行和职工业务素质的提高。四是职工业务素质不达标的问题比较突出。现场一些职工对安全规章制度掌握得不全，一些班组不能够充分利用点名会、分析会组织职工学习技术业务，特别是一些年龄较大的职工，对技术业务学习产生了厌倦思想，从而导致技术业务水平下滑。五是部分职工对设备故障及非正常应急处置等方面的技能不足，对各种应急预案的程序、规定、要求掌握得不够牢固。

（3）干部管理的素养需要不断提升。通过对 2015 年以来上海局发生的 2 件行车事故和 34 件红线、17 件事苗情况分析，每个问题背后都暴露出干部在抓安全管理上标准还不高、措施不力、手段不硬、作风不实的问题。从日常抽查情况看，职工存在简化作业、任意违章违纪的现象，而部分干部缺乏责任心，看惯了职工干惯的事，侥幸心理和麻痹大意思想在滋长，同时缺乏督促、教育和提醒的工作方法，甚至没有按照确定的风险隐患、关键点和薄弱点去控制、去抓、去管，履职不到位的问题比较突出。例如，某些中间站站长长期不抽听检查调车录音。再有就是部分管理干部安全管理职责不落实，现场检查、盯控敷衍了事，甚至现场检查避重就轻，存在畏难情绪，对管理工作中存在的突出问题和惯性"两违"问题不敏感、问题整改不到位等。干部履职存在漏洞现象，究其原因：一是部分干部职工没有真正把安全工作放在一切工作的首位，尤其在安全相对平稳时期，干部职工不同程度的产生了松懈麻痹的思想，精力旁顾，管理出现弱化；二是对安全基础管理工作重视程度不够，管理人员工作标准不高、车间、站管理机关化，日常工作中以文件代替管理、以考核代替纠偏，执行力逐级衰减。

大量的事故案例数据分析表明，作业人员的违章违纪与下列三种原因关系相当密切：一是作业陋习的长期养成，作业省略必不可少的操作步骤，简化作业程序；二是培训不到位，对基本规章不知甚解，对设备操作、作业标准掌握不熟练，不知道正确的操作方法，有时甚至根本不知道自己是在违章；三是恶意违章，明知故犯，唯恐天下不乱。从表现形式看，职工"两违"现象可分为有意识与无意识、有痕迹与无痕迹、高频次与低频次三种属性。其中，有意识是指作业人员知晓岗位安全职责、熟悉规章制度而明知故犯或重复发生的"两违"问题；无意识是指作业人员对岗位作业标准一时遗忘或疏忽，而非主观故意。有痕迹是指所发生的问题有据可查，在一定时间内可追溯记录、有音像资料等；无痕迹是指所发生的问题无据可查，事发后不可追溯的一些动态问题。高频次是指在一段时间作业中经常发生具有普遍性、重复性的"两违"问题，或同一作业人员一个季度内发生同一"两违"问题达三次及以上；低频次是指在作业中较少发生具有偶然性的"两违"问题。芜湖东站 2015 年一季度，全站共考核 987 个问题，分别对照"三个属性"进行梳理，深度剖析作业层、管理层的问题，找到真正的根源。发现有意识违章 913 个、无意识违章 74 个；有痕迹问题 253 个、无痕迹问题 734 个；高频次问题 635 个、低频次问题 352 个。从分析结果看，有意识违章占有效问题总数的 94%，反映出现场人员在作业中简化作业程序、违章蛮干等现象较多，是产生问题的主要原因。在对无痕迹问题分析时，发现无痕迹问题占问题总数的 77% 以上，这说明各车间、车站管理人员加强现场作业过程检查盯控的重要性。

2. 车务专业管理方面存在的突出问题

（1）车务标准化建设仍有差距。一是标准化常态保持不给力。少数站段在标准化创建过程中重建设、轻保持，未建立标准化建设常态开展、长效保持机制，没有思考如何进一步提高标准化水平，车站标准化水平不仅没有提高，甚至个别示范站也出现了标准滑坡的情况和现象。二是标准化深层次推进不平衡。部分单位已经将标准化建设推进至班组、岗位，个别单位却还停留在车间、中间站层面，标准化创建进度不一、标准不统一，质量参差不齐的现象还比较普遍。三是对标准化基础管理不重视。主要表现在 LKJ 数据编制、审核、把关不严，造成数据存在错漏，《站细》修订存在死角，对动车组接发要求未结合新《技规》变化进行修订，超限列车接发规定不符合要求等方面。四是每月站段安全情况排序，虽然有一整套规则，但具体影响因素设置是否合理，各个指标权重设置是否科学都需要研究，需要进一步完善相关考核办法，以达到公平、公正、客观地评估各站段的安全管理水平。

（2）技术规章的重要性认识不足。一是对照技术规章必须遵循"科学严密、统一规范、动态优化、具体可行"的管理标准和责任清晰、内容准确的要求，个别站段在日常管理上仍存在一些问题，不能很好地静下心来研究技术规章；二是部分技术规章条款游离于技术规章管理，主要表现在中间站、运转车间的管理制度汇编中存在一些技术规章条款，部分车间、中间站管理人员对技术规章的定义还不清楚；三是仍然存在中间站、车间制定白头的技术规章条款，未按照技术规章管理办法的要求按规定的程序和格式进行发布；

四是《站细》中始终存在表述不完整、岗位与职名混淆、引用条款错误等情况。

3. 车务信息化建设存在差距

从目前车务设备装备和信息化建设现状来看，一是车务设备装备水平技术总体落后，比如部分车站尚无 TDCS 系统，TDCS3.0 系统还未得到实际运用，音视频以及接发列车、调车等作业监控装置还未全面普及，管、用、修制度落实还不到位等问题。二是车务信息化水平滞后。目前车务行车岗点尚有部分车站未接入宽带网络，生产管理台账电子化、监控远程化进展缓慢，车务综合管理平台功能还不能完全适应标准化管理要求，资源共享、信息透明问题亟待解决。三是设备更新、维护资金投入还不能满足现场需求。例如，助理值班员打点系统、尽头线防冲撞装置、调车录音远程监控装置等设备设施以及既有安全辅助设备、信息化系统的日常维护升级，因资金投入有限未能全面推广和兑现。

4. 设备科技保安全的力度不够

车务系统虽然加大了设备保安全、科技保安全的开发和投入力度，开通启用了动车所集中控制系统 CCS，多方向接发列车辅助系统，但是一些设备应具备的功能却未能很好的开发，对高速铁路的行车设备研究不够深入，尚未从设备控制安全的源头解决问题。如高速铁路车站衔接普铁车站的自动预告功能，目前仍有衔接高速铁路的部分普铁车站均未有自动预告功能，给多方向车站防错办增加了安全隐患；还有已经安装调度集中设备的动车所一直未启用。虽然这些设备是电务设备，但是功能不具备、不启用直接影响多方向车站的防错办安全，增加了车务的安全风险。

三、目前已经采取的主要措施

（一）强化运输处安全管理职能

（1）加强运输处内部管理。将安全管理职能从车站科划出，新成立安全设备科。既让车站科集中精力抓好专业管理，又更好地发挥设备保安全、信息保安全的作用。同时健全运输处标准化建设实施细则。

（2）加强安全风险管理和预警。上海铁路局运输处建立了覆盖车务站段分管安全副职、安技科长和相关专业管理干部的微信群，站段也分层建立了覆盖中间站站长、车间主任等不同层次的安全管理微信群，并结合既有短信平台，构成车务安全风险预警快速通道，及时进行安全信息的流转、下达，发布安全预警。

（3）加强车务专业管理。在进一步做好技术规章管理、整合相关文件的基础上，着重提高《站细》编制质量，开展专项检查和基础技术资料梳理工作。同时，大力推进站段专业管理评价工作，按月对站段的专业管理进行评价打分、排序和公布，并与新机制站段的月度排名进行挂钩，把专业管理的压力层层传递下去。

（二）深入推进 6S 现场管理

6S 管理是企业各项现场管理的基础活动，它有助于消除企业在生产过程中可能面临的各类不良现象，进而提升经营效率和效益，其理念和方法已经逐渐被各国管理界所认识和接受。6S 起源于日本的 5S，日本企业将 5S 活动作为管理工作的基础，在此基础上推行各种品质管理手法。特别是在丰田公司的倡导推行下，5S 对于塑造企业形象、降低成本、准时交货、安全生产、作业标准化、工作场所改善、现场改善等方面发挥了巨大的作用。随着企业的进一步发展需要，有的企业在原来 5S 基础上又增加了"安全"这一要素，从而形成现在的 6S 管理，通常所说的 6S 是整理、整顿、清扫、清洁、素养、安全六个词的缩写，因六个词中英文首字母都是"S"，所以简称 6S。

上海局车务系统坚持"规范管理、强化基础、盯控关键、狠抓落实"的思路，在抓好标准化建设的基础上，全局车务系统推行了 6S 现场管理。6S 管理的属性定位就是车务系统近几年标准化建设基础上的提升和深化，是车务系统安全管理的创新发展，与路局安全管理新机制、安全风险管理、"三化"建设、"七项"制度、班组建设等相互补充、相互促进、目标相同，共同构成了车务系统安全基础管理的有机整体。6S 现场管理的关键就是通过内外部环境的改善，激发职工内在动力，确保车务运输安全的持续。提升职工素养通过深入开展陋习整治、打造车务特色安全文化两方面来展开。一是持续开展陋习整治。陋习整治立足职工自身，通过自我分析、自我诊断、自我整治来克服，同时加上管理人员的指导、提醒、监督、考核来杜绝；二是通过抓文化建设（企业文化、班组文化），促职工敬业爱岗、遵纪守法，通过润物细无声的潜移默化，提高员工整体素养，最终确保车务长久安全稳定。与此同时，我们意识到仅有环境"外美"的 6S 管理是不完全的，还要将 6S 的管理理念和方法拓展到技术、业务、管理等层面进行推进，这样，清理和整理就是区分必须的和非必须的现有规章制度、管理办法、作业流程等，还包括职工不良作业习惯和安全隐患的统一梳理，为规范管理打好基础；清洁和保持就是将上述内容实现管理的标准化和制度化，并在此基础上持续改进，做到整治常态化；素养和安全就是通过上述 4 个 S 的管理，不断强化职工业务和文化素养的提高，克服作业陋习和不安全行为，真正做到按标作业，从而确保车务安全的长治久安。

（三）提高现场标准化作业和检查监控现场控制力

1.狠抓现场标准化作业落实

（1）完善岗位作业指导书，按科学的作业标准来规范人的作业行为。岗位作业指导书的编制达到以下要求：明确"唯一标准"的目标；明确具体操作步骤和程序；对操作者的熟练技能和注意力的要求不能过高，操作尽可能简单化、专业化，不给操作者增加精神负担；符合现场实践情况。

（2）抓好作业标准化的落实。认真执行总公司、路局、站段的各项作业标准和规定，作业密集时段，站段干部必须到现场监督，认真抓好标准化的贯彻落实。结合现场作业实际，进一步细化调车作业管理制度和办法，加大现场执行作业标准情况的检查力度，确保作业标准落到实处。

（3）进一步推进调车风险管理。把检查发现调车方面存在的惯性问题进行系统梳理，做到立项整改、跟踪销号。同时，加大推进调车风险管理的力度，强化调车过程中的关键控制、风险辨识与研判，明确作业中的风险点及控制措施，加强过程控制，切实做好风险评价，进一步抓好调车安全。同时，加大对中间站管理人员调车作业盯控、把关的视频抽查和现场检查，把完善落实干部调车盯控责任作为抓好调车作业标准化的龙头，防止推进过程中"断层"。

2. 提高现场安全检查和监控能力

（1）强化对现场一线的检查，特别是站段和车间，要全面掌握现场安全重点，对关键时间、关键人员和关键环节进行重点监控。

（2）严格执行考核激励制度，对违反劳动纪律和作业标准执行不到位的行为进行严格考核。

（3）及时发现并积极解决生产现场存在的容易诱发"两违"行为的问题，防范"两违"问题的发生。

（4）加大对基层班组的考核力度，严格班组长的提拔任用。强化班组互控职能，班组内发生的个人违章违纪和班组长的绩效挂钩，杜绝法不责众或对个人处罚严、对集体处罚轻的问题发生。

（四）不断强化专业化管理

（1）通过加强技术规章管理来夯实车务安全基础，根据安全风险动态研判、隐患排查出的问题，逐项对照检查发布的技术规章，对存在的问题动态进行修订和完善。

（2）强化专业管理评价。继续修订完善《车务站段管理办法》《车务系统专业管理评价办法》，分层制定整合站段、车间（站）基本管理制度汇编，形成完整有效的安全管理制度，进一步规范车务站段专业管理制度；定期对站段专业管理工作进行考核、评价，公布评价结果，促进专业管理压力的有效传递。

（3）加强站段安全生产指挥中心建设，补强设备设施，进一步规范和明确应急处置的各项制度、措施，加强对关键作业的盯控和指导，强化安全生产指挥中心动态监控作用的发挥；要加强对事故救援、设备故障时的应急处置指导和应急演练过程的分析评价，做到一案一分析、一案一评价，切实提高应急处置能力。

（五）加快信息化建设步伐

（1）构建路局、车站、车间、班组（岗点）四级信息网络，实现规章、管理台账、技术资料等电子化管理，构建安全管理信息大数据，实现安全信息共享，主要包括信息建设制度、综合平台等内容。

（2）完善车务综合平台。采用科学合理的架构和先进成熟技术，不断完善车务综合管理平台，以专业应用为基础、以数据中心为支撑，实现车务层面应用一体化集成管理，达到"一体化集成、专业应用、综合管理"的目标。同时，优化各信息化系统的接口，集成各类车务监控设备、安全辅助设备和其他相关业务的信息化数据，实现现场作业全程实时监控和历史随时回放。

（3）完善车务自管设备管理子系统，实现自管设备的入库、领取、使用、维修、报废等运用情况全过程追踪管理，对库存备品缺乏、设备使用寿命到期等现象自动提醒，完善信息网络设施。

（4）利用各类网络资源，加快建成覆盖车务各业务领域，具有高带宽、高可靠、高集成、可管理、自适应的智能化信息网络。同时，优化通信与网络结构，提升骨干网络带宽能力，努力推进路局核心网到地区、站段、车间、班组接入点间网络带宽逐级扩容。实现多种网络安全接入，加快车务站、场、车宽带无线网络接入系统建设，支持多种类移动智能终端接入，为车务行车作业及自管设备监测提供安全可靠、灵活便捷的无线通信基础平台。

（六）提升设备保安全的功能

（1）协调启用动车所用CTC功能，组织协调研发单位，做好CTC软件的开发和运用，逐步启用虹桥、杭州、南京南动车所CTC功能，解决动车所防错办的安全隐患。

（2）在不具备安装CTC的动车所增设CCS，会同电务、计划部门研究制订增设动车所调度集中系统（CCS）方案，按步骤组织推进，从设备源头来控制动车所列车运行安全，进一步减轻动车所值班员的劳动强度。

（3）在衔接高速铁路集控站的普速铁路车站增加发车预告自动办理功能，对尚不具备自动预告功能的车站，组织研发单位进行整改，并明确自动预告应具备语音提示和对话框提示两种方式的功能，减轻高普衔接车站防错办的压力，从设备上加以提示和预警。

（4）针对容易出现"两违"问题的岗位，积极组织研发安全监控装备，减少"人误"因素。

（5）加大对车务系统先进设备的研制和投入，尽快改变车务安全主要靠人的局面，因为人是最不稳定的因素。

（七）深化职工培训体系建设

（1）推进站段教育培训中心建设。结合实际制定建设标准，明确站段教育中心实训演练、警示教育、电化教育、实训演练场等场所基本设备设施配备要求，细化各功能区的布局、设备设施摆放和管理使用标准，全面规划安全管理、人员培训、设备使用等各项工作。

（2）改变教育培训模式。优化完善"学习园地、在线考试、动漫闯关、案例教育、仿真培训"等教育信息平台五大功能模块，推广运用"动漫闯关"系统，用动漫的形式再现迷雾天气接发列车（调车）作业组织、突发情况非正常行车作业组织、列车占用丢失等场景下标准化作业过程，充分利用多媒体技术对现实情境进行虚拟，用职工喜闻乐见的学习方式提高职工学技练功的趣味性和积极性。

（3）强化安全生产教育和培训。安全教育培训对象包括各级管理人员和一线职工，内容包括思想教育、政治教育、劳动纪律教育、方针政策教育、法制教育、安全技术知识教育训练以及典型经验和事故教训的教育。针对行业特点和岗位特点，制订合理的培训方案和培训内容，切实增强培训效果，并做好理论与实际相结合、考试成绩与经济考核和干部职工个人"提、定、改"以及任用挂钩。

（4）推进"真学、真培、真考"。一是抓班组促"真学"。广泛利用办公网、互联网、移动网络等载体，开展远程培训、网上答题、微信授课等，全面开展日常应知应会培训；发动职工给《站细》、规章文电"挑毛病、找问题"，提高职工学习业务的主动性并加深对规章制度的理解，增强规章制度的执行力；利用职工班前"问一条、带一条"，将基本规章、作业指导书、有效文电重点变化内容做成卡片进行抽问，并将答题情况纳入班组职工岗位星级管理考核，以增加职工自身学习压力。二是抓车间落"真培"。完善车间小练功场功能，配备兼职教师，提供学习考试资源，由车间负责绝大部分职工适应性培训任务，解决工学矛盾，增强培训的实用性、针对性。同时以严格的模块化考试等作为验证评价手段，确保培训的质量，提高车间培训效果。三是抓"抽考"推"真考"，季度抽考涵盖理论和实作两大部分内容，推广远程计算机抽考和书面实作推演，利用"在线考试"模块实现自动组卷，解决目前书面考试组卷局限性、阅卷标准不统一、时效性差的问题，书面考试主要侧重于案例分析和实作题，重在考查职工的实作能力。

四、下一步深入研究的安全对策

根据风险耦合分析方法，需要针对不同风险因素间的关联度、耦合度进行深入研究，以便削弱风险，降低事故发生概率。而车务安全各环节间关联度以及风险性质间的匹配度也决定了风险耦合的不同形态。

（一）大数据分析策略

（1）引入大数据分析的必要性。目前车务安全信息已呈海量增长，信息的实时快速采集、传输、处理、表现已成为当前铁路车务安全管理的主要特征，集中体现在系统管理、过程监控、数据分析等方面，车务安全管理正向集成化、信息化、可视化、智能化方向发展。面对海量且多样化的样本数据，相应提高信息处理效率，并对信息进行高效地采集、统计、过滤、分析，进而挖掘出有价值的信息，为车务系统安全提供智力支撑已成为当前车务系统安全管理的现实问题和确保安全持续稳定的客观需求。同时，全方位的安全信息分析和综合性的正确决策对车务安全管理有着重要作用，也成为当前的安全管理瓶颈。

（2）强化安全预防管理。安全风险管理的一个重要环节就是关口前置，将处理问题的视角更多地放在那些可能导致事故发生的危险之间或不安全状态上，通过风险识别、研判和评估等过程进行预防管理。但目前车务系统这个过程做得还不够到位，提前防控车务系统安全风险已经成为其安全管理的内在所需。同时，需要结合动态掌握现场生产和安全管理现状，推断相关安全发展趋势，进而确定车务安全风险控制的优先顺序和风险控制措施，增强车务安全风险的防御抵抗能力。

（3）构建数字化安全管理体系。数字化管理是指利用计算机、通信、网络等技术，通过统计技术量化管理对象和管理行为，以实现作业、计划、组织、控制、协调等职能的管理活动和方法。铁路车务"数字化"就是建立在铁路信息基础结构上的把铁路车务安全管理等各部门的海量的动态和静态的、多分辨率的、三维的数据统一集成起来，体现安全风险超前管理核心，从而确保整个车务系统安全工作状态运行良好，提高风险管理的针对性和有效性，提升安全管理的控制能力，为安全辅助决策提供依据。数字化的铁路车务安全风险管理按照过程控制、系统管理、闭环管理、持续改进的原则不断进行良性循环，包括以下几个关键环节和步骤：一是数据采集。通过不断优化和完善车务综合管理平台建设，应用较为成熟的车务安全信息化设备，设计相关平台上实时采集不同领域、不同结构化的安全信息数据。二是数据预处理。通过对数据提取、筛选、转换、加载等各类基础信息的操作，对采集的数据初步组织和梳理，以提高大数据分析质量和效率。三是数据分析及挖掘。设计智能算法和模型，将实时的设备、人员和外部环境、管理等大数据进行加工分析，相关信息等数据汇入分析模型，与风险特征信息进行对比分析，从大量的、随机的、有噪声的实际应用数据中发现隐含的、规律性的、事先未知但又是潜在有用的并且最终可以被理解的信息和知识。四是数据展现和应用。运用定性或定量的统计分析方法确定其严重程度，寻找到隐含在海量数据中的潜在规律、关键因素、数据间的复杂关联，消除和降低安全风险，通过揭示数据内部蕴藏的知识，实现对安全存在的风险类别做出较为准确的预测，主要包括风险类别分析、风险强度确定和风险趋势判断三个维度，进行事故预警、故障发展预测及状态演化预测，对风险发展趋势的做出动态判断。

（二）构建车务系统安全管理体系

（1）构建安全管理体系的必要性。国内外对于安全问题的研究先后经历了事故学习、安全管理、综合治理等阶段，现已发展为风险管理阶段，并把安全生产的要求定位在基于事故前的风险评估基础上，以风险应用为核心技术的决策管理已发挥积极作用。铁路车务安全管理的发展是一个不断破解安全问题的过程，经历了从经验管理阶段、规章管理阶段向系统管理阶段迈进的阶段。在当前铁路运输量急剧增加、路网结构日趋复杂，社会公众对铁路安全的要求不断提升的情况下，形势的发展要求车务系统必须进一步加强安全理论研究，从系统和全局的角度出发综合思考安全，采取更加有效的管理手段，加强理念、法规、队伍、责任体系建设，提高持续安全发展的综合保障能力，努力推进安全管理的科学化。自 2005 年体制改革以来，可以说，车务系统安全管理，在抓安全的方面延续传统的很多做法，站段安全管理水平也参差不齐，针对目前车务管理不系统、凌乱、碎片化、经验主义问题比较突出的现状，面对超强度的安全管理和管理相对滞后的双重局面，建议通过引入安全管理体系来解决车务安全管理的问题。

（2）构建的思路和方法。安全管理体系是管理安全的系统化方法，它要求组织建立安全政策和安全目标，通过组织结构、责任制度、程序一系列要素进行系统管理，形成以风险管理为核心的体系，并对既定的安全政策和安全目标加以实现。同时，在管理体系的建设中，针对现场职工"两违"问题不仅影响大、范围广，而且涉及铁路的运输生产组织、设备投入、标准制定；同时，也涉及行为科学、安全人机工程学、安全心理学等众多学科的现实情况。应组织专业技术力量开展相关研究，为制定相关对策提供理论依据。

（3）定位与功效。车务安全管理体系是指导车务安全的管理指导手册、规范性纲要，结构清晰、各部分联系紧密，具有操作性、扩展性、实用性。车务安全管理体系是以风险管理为核心、以信息管理为支撑、以系统管理为本质、以车务专业化管理为特色、以安全文化为基础的管理体系。安全管理体系建设和实施是一个系统工程，又是一个管理体系、管理方法逐步完善的过程。同时，安全管理体系是一套安全管理工具和管理方法的整合。通过对所有组织安全运行的因素进行系统管理，通过制定安全目标、安全政策、持续改善措施，建立相应的组织结构并明确岗位职责，对各种风险进行科学高效的管理，提高组织的管理水平，从而螺旋式提高系统的安全水平。

第四节　车务部门强化施工管理控制

安全畅通是铁路运输的基本要求，而这需要良好的技术设备做保障，于是对设备的维护施工以及施工本身的安全就成了重中之重。为保证铁路固定设备质量，工务、电务及工程部门每年都要进行大小数千次的设备养护、检修和技术改造，这些施工经常造成设备连锁失效，正常行车的设备控制改变为人为控制，行车组织方式也相应发生改变，给行车安全带来极大隐患。如何有效地进行运输组织，并与施工维护有序协调地融合在一起，始终是铁路车务部门的工作重点。针对铁路施工安全特点分析的基础上，提出车务部门加强施工管理，强化施工控制的过程对策，以便为车务施工管理提供借鉴。

一、铁路施工安全特点

（一）施工安全任务重

施工安全是一项长期而艰巨的任务，铁路运输能力的快速扩充是建立在大量的基建和技改基础上的。随着新的路网性通道建设以及重点枢纽改造，尤其是既有线施工任务将更为繁重，施工与运输的矛盾将更加突出，施工安全面临的压力将进一步加大。

（二）施工安全形势复杂

施工安全是一项复杂的系统工程，必须统筹协调形成整体攻坚合力。施工安全不仅仅是工务或者建设哪一个部门的事，还涉及众多相关单位，牵涉面广，结合部多，难度系数高，必须强调主要领导亲自负责，统筹安排，各部门协调动作，发挥系统优势，强化责任落实，形成整体合力。特别需要注重加强结合部管理，消除脱节和失控现象，提高安全综合管理水平，牢牢把握安全生产的主动权。

（三）施工安全综合性强

施工安全是一门综合性科学，必须以"精细严实"的态度来组织实施，对每一次施工计划、方案都要精心设计、精心组织，做到精益求精，不放过涉及施工安全的任何一个细节，所有的措施、预案都要细致周全，防止疏漏失控。同时，要从严管理，落实逐级负责，加强现场控制，严格执行有关规章制度，严肃责任追究，严防各类事故及事苗的发生。

二、行车组织与施工的协调性分析

施工作为铁路设备维护的一部分，设备经过长时间运行，每一段铁路，都必须经过合理的维护修理。由于铁路施工独特的安全性和时效性，铁路施工的安全更依靠良好有效的行车组织计划，两者之间呈现共存的关系。行车组织方面必须探清相关施工作业的安排和路段的维修护理需求，拟定相关的修理维护时间，并做到实时监控，一旦出现变化，就立即通知施工方处理。在施工方面，需要向行车组织部门了解相关路段的运营计划，合理安排维护修理计划，面对实际情况中出现的不可抗力和其他人为或非人为问题，妥善处理，准时汇报，防止事故的发生和扩展。所以，如何编制一个安全系数大、对运输效率和能力干扰小、充分发挥施工单位人力、物力、财力的综合力，确保工期和工程质量的最优施工组织方案，就成为施工的首要任务。

（1）把因施工影响所形成的非正常行车组织的范围、时间压缩到最小，如列车信号和调车信号的停用架数要最小，连锁失效的道岔组织数要最少、非正常接发列车和调车作业的列次要最少，影响到某一个区段的车站数或一个车站内的到发线条数要最少，所有这些影响的时间要最短。

（2）施工单位要做到人力作业、机械作业合理配置，有序组织，减少对列车运行、客流组织安全方面的影响。

（3）一般来讲，组织非正常接发列车作业的安全概率要比设备正常情况下小得多，所以减少非正常情况下接发列车的列次、时间和范围就车务系统的行车组织而言就减少了出事故的概率。

（4）施工现场的作业机械，特别是大型机械，它处于作业的动态中，对行车安全构成的威胁很大，一旦放松管理，侵入铁路的限界，就会造成车毁人亡的严重后果，所以严格限制机械作业区域，加强对操作手的安全教育和相关培训是必须高度重视的问题。

（5）一个优化的施工组织方案，给车务施工中的安全管理创造了一个好的前提条件。车务部门要积极主动、超前地参与施工组织方案的研讨制订，把车务的相关意见有效地融入施工组织方案，这既是车务部门的权力，又是车务部门的责任。在研讨优化施工组织方案的过程中，车务部门必须积极主动参与其中严格把关，并应做到以下几点：

①全面了解改造施工的具体内容，特别关注对行车组织、客运组织、货运组织有影响的设改项目。

②全面了解施工方法以及时间为序的具体安排，掌握参加作业的人员情况、机械情况，从而了解对行车、客运、货运组织的影响范围。

③平衡好施工、安全、运输三者的关系，贯彻在保工期、保工程质量、保安全的前提下尽量减少对运输干扰的原则；贯彻效率服从安全、工期服从质量的原则；贯彻以安全为核心，安全就是效益、安全就是生命、安全就是政治的原则。

三、强化施工管理控制对策与措施

（一）把住施工方案的"会签、提报、审批、编制"关

施工部门拟订站场施工方案后，必须由直属站或车务段会鉴。直属站或车务段主管施工负责人要认真审核施工日期、时间、地点、项目及详细的施工影响范围。因为车务段管辖范围点多线长，中间站大都分布在铁路沿线，距离车务段较远，工程技术人员又较少，所以对施工日期、具体时间和地点要格外注意，以此安排把关干部和具体作业人员。坚决卡住同一时间内两个及其以上车站的施工，或虽不在同一时间但时间间隔较短，而两个车站又相距较远的施工，避免因为监控人员紧张而顾此失彼。三等以上车站要特别重视施工影响范围，了解清楚哪些设备失去连锁关系，哪些道岔改手摇，哪些信号停用，哪些线路影响使用，需改变列车占线程序。根据影响范围制定临时行车组织办法和安全措施，安排作业人员和把关干部。因此，施工部门必须提供详细的施工影响范围，而车务部门只有了解清楚施工方案中详细的影响范围，才能签署同意施工方案的意见并加盖"××××车站（车务段）施工方案会签章"。铁路局主管施工人员要把住施工方案的提报、审批、编制、下达、执行与考核关，要根据运输情况，对施工部门提报的施工项目逐项审查。

（1）从施工地点、时间长短、工作量大小、施工力量配备、影响范围大小、准备工作是否充分等进行审查。

（2）看施工配合部门是否同意并加盖"××××车站（车务段）施工方案会签章"；看施工的具体时间长短是否符合工程项目时间标准。影响范围内容较多时，可不列入施工方案，制定附件提供给有关站段，同时做好备案。

在方案编制过程中，即施工部门提报的经过审查批准的施工项目，要进行调整，综合平衡。编制施工方案必须做到以下两点：

（1）重点突出。即把施工时间长、影响范围大、客车反方向行车作为重点进行掌握。

（2）方案要精，列车反方向运行的限速要求、龙门架工程车的运行径路及要求、双线之一线停止基本闭塞法或改单线行车的行车凭证、闭塞方式等都要做出明确规定。

（二）把住施工准备关

施工前的准备工作是否充分，将直接关系到施工的顺利进行，尤其是较大施工，如信号大修、更换复式交分道岔等施工，时间长，影响范围广，对运输干扰大，施工前的准备工作尤为重要。

（1）主要领导要组织工程技术人员学习、研究施工方案，仔细研究本单位管辖范围内施工项目数量、重点、影响范围、不清楚的事项等，要认真研究，统筹安排，专人负责。

（2）制定临时行车组织办法和安全措施。根据施工方案的要求，临时行车组织办法应包括列车开行、停运、改点运行、占线变更情况、闭塞方式及办理接发的方法和注意事项。安全措施要周密完备，包括参加作业人员的胜任人选问题、作业人员分工是否明确等等。这些都应进行细致的分工，并做出安排，针对关键环节和薄弱部位制定有针对性的措施，这是施工准备工作极其重要一环。

（3）抓好人员培训。对参加施工作业人员和干部进行培训，是施工准备工作中的又一重要环节。施工培训要抓好三个教育：一是抓好政治责任教育。每个参加施工作业的人员都要知道保证施工安全的重要意义，增强责任感。二是抓好岗位分工教育。每个施工作业人员必须清楚自己在施工中的岗位在哪里，担当的任务是什么，以及完成任务的方法和注意事项，应该做什么，怎样做，达到什么标准，都要做到心中有数。三要进行岗位应知应会教育。对无连锁接发列车作业标准及《技规》、《行规》、《事规》、施工方案的有关要求以及临时行车组织办法和安全措施都要清楚。

（4）工具备品要齐全。根据人员配备情况准备足够数量的信号旗、信号灯、钩锁器等，未设电务工区的中间站要事先联系，商定开启手摇把箱的具体时间。

（5）后勤服务要专人负责。备品准备要齐全，生活服务要跟上。优质的后勤服务是搞好施工安全的物质保证。

（三）把好施工控制关

施工停电以后，无连锁情况下的接发列车主要由人控制，安全系数小，稍有疏忽，即酿成大祸。1988—1999 年，哈尔滨铁路局发生接发列车险性事故 29 件，其中无连锁接发列车发生险性事故 23 件，占险性事故总件数的 79.3%。可见，施工停电情况下的无连锁接发列车安全，突出地摆在了我们面前。搞好施工停电期间的无连锁接发列车安全，必须抓住以下九个环节：

（1）严格执行施工登记制度。有方案的施工，开始施工前，车站值班员要向施工部门负责人询问施工人员是否到齐、机械状态及到位情况、是否具备了条件。查看配合施工的作业人员及站段把关干部是否到岗，确认无误后方可向列车调度员汇报，请求开始施工的调度命令，并在《调度命令登记簿》和《行车设备检查登记簿》内登记。设备临时发生故障时，车站值班员要做到"一登记、二检查、三报告、四通知"。第一，车站值班员首先将发生故障的时间、故障情况记入《行车设备检查登记簿》内；第二，要及时通知有关部门排除故障；第三，将发生故障的时间、故障情况报告列车调度员和车站站长；第四，亲自或派人现场检查，并采取措施进行处置。

（2）确认区间空闲。确认区间空闲是办理闭塞的前提。要根据行车日志和各种行车表示牌确认区间空闲。如果这一环节疏漏，极易造成向占用区间发车。车站值班员在接发列车工作中，首先要把好办理闭塞时确认区间空闲这一关。

（3）办理闭塞手续。办理闭塞手续要抓住三个环节：一要核对。即按照列车运行计划核对车次、时刻、命令、指示。二是接车站向发车站发出电话记录号码，并及时填写行车日志。三要揭挂表示牌，即揭挂区间占用表示牌，以防遗忘。

（4）检查接车线，准备、确认进路。列车进路包括接车进路和发车进路（通过进路）两种。接车线是否空闲、进路是否正确，直接关系到接发列车安全。

（5）办理凭证。办理行车凭证的前提条件是准备进路。如果不准备好进路就办理行车凭证，容易发生行车事故。行车凭证特别是路票不得在未得到电话记录前预先填写，也不能在进路准备妥当之前填写。为避免相对方向的两端站同时发出迎面列车，规定单线或双线反方向发车时，除根据电话记录查明区间空闲时，还必须取得接车站的承认后，方可填发路票。双线反方向发车时，还必须有调度命令才能办理。办理行车凭证时，车站值班员与助理值班员要逐项核对，核对无误后方可交给助理值班员。

（6）交递凭证。车站值班员（或助理值班员）向司机交递凭证时应注意以下几点：①交递行车凭证必须在确认进路正确无误之后进行，因为确认进路是向司机交递行车凭证的前提。②交递行车凭证时必须与司机核对，自动闭塞区间车站监督器无表示时，发车人员在交递绿色许可证时应附带书面通知，以最高不能超过20km/h运行到第一架通过信号机按其显示的要求执行。③列车反方向运行时要讲清楚过岔速度。

（7）严格执行作业标准。停电施工或设备临时故障，按发列车作业的各个程序、各个环节由设备控制改为人的行为控制，要严格按程序和岗位标准作业，做到一丝不苟、严肃认真。下列三个关键程序不能颠倒：①先确认区间空闲，后办理闭塞手续。确认区间空闲是办理闭塞手续的前提，只有确认区间空闲后，才能保证不向有车占用的区间再放行列车，造成两列车同时占用同一区间的事故。②先准备进路，后办理凭证。③先确认进路，后交付凭证。这是列车在车站出发前的最后一关，车站值班员或助理值班员在交递行车凭证前，必须确认进路，严禁在确认进路前盲目交递行车凭证。

（8）抓好施工过程中的结合部工作。施工过程中的结合部工作是施工管理的重要内容，也是施工组织中容易被忽视的薄弱环节，直接关系到行车安全。抓好结合部工作要突出抓好以下几点：①抓好调度命令的请求、下达、抄收、转达。调度命令的发收工作涉及多个部门、多个单位和诸多工种，看似简单，实际复杂。②严格按《站细》规定线路接车。施工期间如遇超限列车或其他高等级列车，应严格在《站细》规定的线路上办理，不能因为施工改变接车线路。特别是龙门架工程车超级超限在施工期间频繁使用，一旦疏忽容易发生安全问题。③列车反方向运行时，除按规定转达调度命令、交递行车凭证、传达注意事项外，遇有旅客列车反方向运行时，中间站长必须到现场监督办理接发列车，车务段派人到反方向运行的区间两端站监督指导，所在机务段要派干部添乘。

（9）切实发挥干部的监督控制作用。停电施工或设备临时发生故障，干部都要现场把关监控。特别是停电施工期间的接发列车作业，更需要各级干部到现场检查指导、监督控制。无连锁接发列车过程中，干部作用应体现在以下几个方面：一是车间干部、站段的部分干部按照本单位的安排，直接参与接发列车作业，或担当扳道员，或担当引导员等；二是选派业务强的干部（多为技术室主任、安全室主任）在行车室、扳道房进行监控；三是站段领导干部巡回检查。在行车室、信号楼监控的干部，其主要作用应是监督站段制定的临时行车组织办法和各项保安全措施是否落实，行车人员在接发列车过程中是否执行作业标准，施工登记、调度命令、手摇把使用是否按规定办理等。发现问题，当场纠正，但是不能越俎代庖，一切都包办代替，车站值班员无所适从。这样做不利于培养职工在非正常情况下的单独作战能力和应急处理能力，长此下去，容易使职工产生依赖性，不利于职工的成长。这就要求各级干部到施工现场，主要是教方法，控制关键环节，防止出现漏洞。站段领导干部更要注意这方面的问题，只要车站值班员在作业中没有违反作业标准和有关规定，只要不危及行车和人身安全，就应放手让车站值班员去指挥行车。不要指手画脚，行车大小事情都由领导包下来，这样做不利于贯彻行车单一指挥制。

（四）把住施工收尾与检查、考核关

施工接近尾声，无论是工程部门的施工人员，还是行车作业人员和监控干部，此时都心情比较放松，有的可能产生一些懈怠。所以，施工结束前的一段时间，从行车室（信号楼）到现场都比较乱。这个阶段应抓好以下四个环节：

（1）信号楼或行车室除作业人员、铁路局和站段指定的监控干部外，其他人员一律禁止停留，以保证行车作业和施工部门调试有一个比较好的工作秩序和作业环境，为行车作业和设备调试创造良好条件。

（2）坚持使用不试验、试验不使用的原则。如果边试验边使用，不但影响试验，延长施工时间，还会给施工带来不安全因素。试验也要开天窗，根据施工现场实际，给定给足一定时间，让施工部门集中精力试验，反而能按时或提前开通。

（3）施工部门送电合闸时要征得车站值班员的同意。由于施工过程中的调试或使用，地面道岔的开通位置和信号楼或行车室操纵台上的道岔定反位表示的状态不一致，此时合闸就可能带动道岔转动，如果接发列车时容易破坏接发列车进路。所以，施工部门合闸前应征得车站值班员同意，车站值班员得到施工部门的合闸请求后，要同扳道员联系，对已准备好的接发列车进路上的未加锁的顺向道岔，车站值班员要指示扳道员进行现场看护，然后方可同意施工部门的合闸请求。

（4）施工完毕，试验良好后，要请求开通使用的调度命令，并在《行车设备检查登记簿》内进行施工销记。

四、建立施工管理保障机制

（一）建立施工管理考核机制

（1）制定施工管理考核办法。对施工方案的会签、提报、审查、编制、下达及施工全过程进行考核。

（2）明确考核项目及内容。本着施工过程反映施工方案质量的方针，对施工方案质量和各单位执行施工方案的情况进行考核。考核项目和内容主要包括是否按施工方案规定的时间、项目、地点进行施工，有无擅自变更施工方案、扩大施工范围、变更施工地点、施工安全等。

（二）明确考核方式

（1）调度所由一名副主任专职抓施工，掌握重要施工起止时间，处理施工期间有关行车及安全的重要事项。

（2）铁路局主管施工的专职人员坚持"溜台"制度，检查各区段施工方案的兑现情况。重点施工要到现场检查考核，看施工单位的施工人员、机械设备、安全措施是否到位。

（3）由安全监察室及各业务处组成考核组，对重点施工进行现场指导和考核。

（三）实行奖罚制度

对兑现方案保证安全的给予适当奖励，按照考核项目，对违反施工方案的施工及在施工中发生问题的单位按规定给予处罚。

第五节　铁路运输调度系统的危机管理

在铁路局直管运输站段的运输生产体制下，调度指挥系统组织趋于扁平，运输安全管理趋于整体化、高效化、快速化。铁路第六次大提速，大量新技术、新设备的应用和时速 200km 以上动车组的开行标志着我国铁路已经进入高速时代，高速、重载条件下对运输安全的要求与常速铁路相比有质的不同。如何确保高速条件下充分发挥调度神经中枢和安全控制龙头的作用是最具有挑战性的课题，也是调度在应急处置工作中负有的特殊使命。

一、概述

高速铁路和常速铁路的行车系统虽然都是由车、机、工、电辆等诸多部门联合完成的开放型复杂动态系统，都是"人—机—环境"相互关联的系统，但是它们之间存在着列车运行速度和密度的极大差别，存在着现代高新技术含量上的巨大差异，存在着人、机功能分工和组合上的差别。高速铁路行车事故的不确定性、复杂性、突发性更为深刻，其破坏程度也更大。因此，传统的常速铁路条件下调度安全管理已经很不适应，迫切需要寻求高速度、高密度和重载化特点的安全管理新思路和方法。

二、存在的问题

高速条件下，调度指挥系统在运输组织过程中遇到各种新的安全问题。

（一）调度人员工作不相适应

1.管理相对粗放

新体制、新布局下，调度指挥台管辖范围骤增，运输组织作业繁忙，虽然信息化程度不断加深，但依然存在大量繁重的手工操作现象，大跨度、直管理的难度显而易见，体现在具体的运输工作中就是管理方式相对粗放，部分调度对运输过程不能整体把握、对现场作业流程不清楚，导致工作中顾此失彼现象颇多，以至忙于其他事务而忘记首要工作。例如，在忙乱中列车调度员曾安排临时重点客车接入合肥站无站台的线路，还发生过车辆调度员"重热轴"报警车辆处理而忽略同时发生的"超偏载"车辆的处理，以致延误拦停时机，造成列车脱线事故。

2. 对知识掌握不全面

新设备和新技术的投入使用促使专业知识更新快，对知识综合运用程度要求很高。遇有突发事故，若处理不当，很可能瞬间就会发生事故。例如，某日因萧山站4号道岔施工，电力机车牵引货列变更径路反向运行，当班列车调度员不知道所经过的某一岔区渡线无接触网这一特例，导致电力机车误入无接触网线路。再如，区间某架通过信号机故障后，本应熟知的，列车调度员却不能及时发布命令布置车站派胜任人员去该信号机处防护。

3. 危机意识不强

对安全信息缺乏必要的敏感性。主要表现在邻台列车调度员和现场反馈的安全信息预想能力不够。例如，电力机车和内燃机车混跑高速重载、电气化区段，对邻台交接的电力机车掌握稍有不慎，就会造成电力机车带电误闯无电区事故。对现场反馈施工单位超范围施工或施工影响面与计划不符等现象，而不勒令停止或采取相关措施妥善处理。

4. 控制环节易于失控

各安全环节控制的失控连锁反应将产生事故。例如，胶济线2008年"4.28"事故，机车乘务员过分依赖LKJ，但1C卡的限速数据尚未修改，原因是北京机务段收到济南铁路局新图文件滞后，而济铁调度所当班值班主任、调度员在下达限速命令时相互失控，造成特大交通事故。

（二）安全管理机制存在差距

调度安全管理制度的构建滞后，集中表现为以下方面：一是安全规章制度不健全，往往是事后才制定相应补充的规章制度，对可操作性和调度员的理解程度不能动态掌握；二是制度约束的传递没有形成闭环，难以达到"令行禁止"的目的；三是缺乏必要的安全监督机制，对日常检查督促的管理力度不够。

（三）施工管理不够规范

高速、重载列车带来的冲击使得既有线设备养护周期缩短，线路质量必然需要集中补强整治。施工管理不规范问题已经成为诱发行车事故的首要因素，特别是因施工安全管理和调度命令问题引发的性质严重的施工事故，教训十分深刻。当前，面对施工方案变更频繁，调度下达和传递施工命令存在着严重问题：一是调度命令发布时间滞后；二是未严格执行一事一令，存在限速情况、取消命令或开通设备事项合为一令发布的情况；三是命令内容不规范等。这些都急需对调度命令进行彻底梳理。施工台工作量成倍增加，并呈爆发性增长。特别在上午工作时间段内，每个台要发布施工命令50~120项，其中30%涉及长期限速，而且上下行不对称，与前日关联性强，需要认真仔细的核对。这些都急需彻底梳理。

（四）安全信息管理存在漏洞

随着铁路跨越式的发展，大量新技术、新设备的不断投入运用，日常运输生产所包含的不安全因素也越来越多，这对安全管理手段提出了更高的要求。

1. 信息收集问题

铁路安全问题信息主要是指在运输生产过程中发生的危及行车安全与安全生产密切相关的管理漏洞、设备隐患、职工违章违纪等方面的问题和信息。目前，由于铁路安全管理具有地域分散、中间环节多，安全工作涵盖面广、信息量大（信息收集频度高）、信息源多（监测系统、人工巡查等）的特点，安全问题信息的管理难度比较大，主要问题如下：

（1）目前的手工信息管理很难达到准确、全面的效果，给安全管理工作带来较大的离散性，造成日常信息分散，无法体现切实的事前监控。

（2）各级安全管理人员仅限于信息的收集，缺乏有效的手段进行科学的分析，造成采集的大量数据并没有发挥支持预防决策的作用，很难进一步改进安全管理，分析事故原因，进而达到防患于未然的目的。

（3）信息经常被层层过滤，高层管理者难以及时获得需要关注的安全问题，贻误监控、处理时机。

（4）现场反映的安全问题不能及时消除和整改，缺乏闭环跟踪管理，达不到对现场安全生产的控制作用。

2. 信息传递问题

高速条件下安全信息给予组织决策和回应的时间极短，对运输设备隐患或问题必须快速处理，一时一刻也不能耽误。如果沿袭传统管理方式，遇到较大问题，分专业系统、分层上报和请示，直至批复处理，势必贻误时机。再如，目前的货运、工务、机务、电务、车辆等部门都分别有大量专业安全监测设备，系统比较分散，在列车高速运行中实时采集大量设备运行安全动态信息，需要通过中转到调度指挥台，存在时间差，容易耽误处理的最佳时间。

（五）技术瑕疵问题

技术瑕疵问题不容忽视。目前 DMIS 系统中还存着在部分缺陷，例如，萧山 - 萧山西单线双向自动闭塞区间，自开通以来 TDCS 一直显示一、二离去红光带，客观上给调度员准确掌握列车运行情况带来困难；再如，TPDS 的车辆报警软件、报警对话框提示功能不完善，危机人工确认有时会自动关闭（100s 后），遇有同时多个报警时也常发生漏报事件等。

三、安全管理的思路和方法

众所周知，我国铁路运输长期呈超负荷运转状态影响，行车安全始终面临严峻考验，调度安全管理需要常抓不懈。调度员是行车事故的预防者、应急处置的管理者和实施者。

为主动适应高速条件下的行车安全，可从危机管理的角度进一步创新调度安全管理思路和方法。危机管理是运输企业经营管理活动中不可缺少的一个环节。危机是指突然发生的、严重危及企业生存和发展的恶性事件。危机管理就是为避免危机或者减少危机而采取监测、评估、预警、预控、应急处理、恢复等各种措施，防止可能发生的、处理已经发生的危机，不断提高企业的综合管理能力。概括来说，就是危机预防、危机识别、危机处理等行为进行的一系列管理活动的总称。传统的安全管理强调刚性的控制机制，高速、重载条件下需要通过弹性的适应机制来引导安全，应具有对外部干扰反应快和自适应的特点，需要在合理刚性控制机制的基础上增强弹性适应机制。

从危机管理内容和过程看，铁路运输调度安全危机管理，就是指危机预防、准备、处理等一系列管理活动，通过事前、事中、事后等全过程的控制，科学构建指挥高效、运行平稳的铁路危机管理系统。危机预防和准备被作为特别重要的部分。其中，危机预防包括危机意识的树立和风险评估与管理；危机准备包括预警、培训、演练等内容。这两项任务是危机管理的事前控制部分，往往被忽视，甚至被当作浪费精力，实际上危机事件发生后进行反应和恢复所付出的代价要远远高于防范危机的成本。事中控制就是当危机发生时，因一些问题演化速度大于平时，必须采取不同日常管理的方式，当机立断，提高应急处置能力，包括各种突发事件发生时和事故救援的应急处置；事后控制是对事前和事中控制的情况加以分析和评估，强调分析也是为了决策，整个过程需要不断加强管理和改进，最终达到确保安全的目标。

四、危机的对策和措施

（一）危机预防管理

危机的不确定性和突发性决定了危机管理必须具有前瞻性。危机预防管理是危机管理的核心任务，预防是解决危机的最好方法。

1. 树立危机意识

调度员是行车安全中重要的且具有能动性的因素，要贯彻"预防胜于处理"的危机管理策略，危机的预防有赖于全员的共同努力。全员的危机意识能提高抵御危机的能力，有效防止危机产生，即便危机产生，也会将损失降到最低程度。若缺乏危机意识，往往容易错误估计形势，导致事态进一步恶化。调度人员应具有居安思危的意识，将危机预防作为日常工作的组成部分，要认清每个部门、每个环节和每个人的行为都与危机息息相关，将危机预防作为日常工作的组成部分，尤其是结合部。预防危机要着手进行，伴随调度指挥长期坚持不懈，逐步提升调度员危机管理意识，使其明白危机管理的重要性和必要性，提高危机事件发生的警惕性。还要通过导致事故的各种直接原因和间接原因及其相互间的内在联系的深入分析，认识到新的危险。在安全管理实践中，安全反思活动在某种程度上就是强调要树立危机意识。

2.风险评估与管理

对风险进行有效的评估与管理，可以防范危机的发生。风险特别是指某种损失发生的可能性，危机就是风险事故，是一种突发性的事件，往往出乎预料、突如其来。风险评估与管理一方面是指风险发生前采取措施避免风险发生；另一方面就是风险存在时，要不断地提高对危机信号的辨别能力，采取措施避免危机发生。预防是指风险发生前采取措施避免风险，识别就是风险存在时采取措施避免危机发生。从危机产生和处理的线状链看，风险是危机的诱因，当风险释放造成的危害性达到一定程度才会演化为危机。对风险进行有效的评估和管理，可以防范危机的发生。而调度安全主要是识别风险并预防风险进一步发展为危机，风险主要通过各种专业设备的监控、监测及现场反馈的各种信息等进行识别。当风险发生时，就要采取应急处置，避免危机发生，而当危机发生时，就要采取应急救援，确保危机损失降低到最小。而事后控制，就是要通过风险和危机的整个过程的强化分析，进一步加强认识，并不断提出改进意见。

（二）危机准备管理

1.培训和演练

可以结合事故案例、应急反应方案设计、应对危机理论学习和事故预防分析来切实提高调度人员的危机意识及危机中的应变能力。目前，培训教学方法陈旧，灌输式和简单的照本宣科的教学方式仍相当普遍，且重理论、轻实作，运用多媒体进行教学的仍不多见，把教育培训内容制作成集声音、图像、文字和色彩为一体的多媒体教学的更是凤毛麟角。现在网络技术虽有了很大发展，但调度员的远程教学、视频教学却很少。要从当前铁路提速和现场新技术、新设备大量应用的实际出发，适新应变，及时开发适销对路的教材，满足危机管理培训工作的需要，不妨以满足现场生产需求特别是提高非正常情况下设备故障应急处理能力为重点，编制切合实际、内容简练、通俗易懂的岗位知识培训讲义，应用多媒体课件培训，充分利用现代培训技术，组织专业人员认真开发多媒体课件，使培训更活泼、更生动，提高教育培训的实效性。同时，还要充分发挥局域网优势，研究开设电子教室等栏目，便于调度员根据需要选择学习。在安全题库中可增加实例分析，要求题库设计应设置各种情境，强调综合知识的运用。

演练对考查应急准备工作的不足十分有效，主要检查危机反应过程中信息沟通情况和部门协调机制运行的畅通情况以及调度人员处置方案的准确性。应急预案在模拟演练中，要检查可操作性，不断将调度员的隐性知识显现化，进行情境分析以加强动态掌握。

2.危机管理制度化

危机管理应该有制度化、系统化的有关危机管理和灾难恢复方面的业务流程。若是事前没有周全的计划、能够立即付诸实施的制度和流程、能够立即投入角色并展开工作的人员，则可以预见，在危机发生时，反应迟缓、内部混乱都将无法避免。要根据实际、实用、实效的原则建立起调度危机管理的整个体系，当危机发生时就能快速启动相应机制，井然有序地开展工作。例如，在制定和完善具有针对性的规章制度中，就要突出非正常情况下的行车组织建设，包括设备故障条件下的行车指挥、防止电力机车误闯无电区、动车组运行的各项安全措施、防止客车错办措施以及对技术瑕疵盲区的控制办法等，以强化安全关键点的控制；特别是遇有动车组运行状态不稳定时，要本着果断处理的原则沉着应对，必要时根据影响的范围、层次与级别，按照流程相应启动预案，确保应急处置的正确和及时性，强化关键时段和关键点的控制，以及对盲区的控制。

三、确保施工中的行车安全

（1）对施工中的薄弱环节，施工前命令要核对。对涉及慢行的施工命令，做到专人负责编制并核对；加强对动车组 CTCS2 开行区段临时限速的安全卡控。C2 区段施工限速实施专人管理。将施工部门次日施工计划申报时间由原规定当日 9：00 提前至前日15：00，为施工命令的准备和下达至有关部门提供充足的时间。

（2）施工调度台是安全管理的关键环节，要根据流程、岗位进一步规范，尤其针对变更计划易发生事故，传达上易脱节的问题，应当明确哪些施工不得随意变更。同时，面对计划、命令变更频繁，要规范管理、作业制度、操作流程，卡死制度，对于工务需要应急处置的施工，还应给予妥善安排。随着施工安全管理要求的不断提高，为使施工实现安全、有序、可控，提高工作效率，急需将调度施工管理纳入信息化管理轨道，需要加快施工日计划计算机管理系统建设，利用计算机高速处理数据的能力及网络平台，实现路局范围内施工日计划上报、审批，调度命令拟定，施工日计划下达、接受确认，施工计划查询和施工情况分析等计算机网络管理。

（3）对施工调度命令的下达作业过程进行规范。建立安全隐患问题库，制定规范的调度命令编辑、审核、发布、传递、接受、回执等作业流程，确保调度命令内容和传递准确无误。集中修期间，在 LKJ 和 ATP 控车限速速度曲线无法自动对接前，应答器信息接收时，曾经在沪宁线三度停车，CTC-0/2 级进行转换，据此建立了隐患问题排查方法，效果较好。

四、构建安全信息系统

（一）强化信息管理

加强铁路安全问题信息管理的意义不仅能够有效地抓小防大，而且通过制定相应的措施，可以在一定程度上减少或避免类似安全问题的重复发生。因此，在实际工作中，应结合实际情况来建立调度安全问题信息管理系统，不断完善安全问题信息快速反应渠道，突出现场控制力度，为实现铁路安全生产的有序可控提供有力保障。安全监控到的安全信息畅通准确与否，直接关系到对运输工作决策成败和掌握危机主动权问题，需要对信息采集、筛选、传递、回馈、实施等基础工作要高度重视，理顺信息报送制度，分清信息的"轻、重、缓、急"，理顺信息传递的渠道，采取先进的信息传递途径缩短信息传递的时间，便于了解情况、掌握情况。特别要求确保运输安全信息渠道畅通、传递迅速、准确、全面，特事特办，运用信息技术，管理决策层和操作层可以同时取得第一手信息，及时科学决策，快速处理设备隐患问题。随着社会的发展和技术的进步，各种安全技术手段已逐步应用到铁路日常安全工作中。其中，安全问题信息管理也逐渐得到重视和运用，它通过对安全生产中问题信息的收集、反馈、分析、利用，消除存在的隐患和问题，达到对现场安全管理、安全生产的控制作用，最终实现安全生产的有序可控。安全问题信息管理体现了"安全第一，预防为主"的方针，能提高铁路路运输的安全管理水平，变事后处理为事前预防。通过对安全问题信息进行全面系统管理，将为铁路各部门安全管理决策提供有力的支持，并对预防和减少铁路安全事故起到积极的作用。

（二）信息系统构想

管理在于信息，对信息的收集、分析贯穿了整个安全管理工作的核心。通畅、准确、有效的信息流是安全管理体系运转的必要条件，而有效的信息管理手段是信息流通畅的保证。建立铁路安全问题信息管理系统构想，是系统以安全检查、反馈处理、跟踪落实等环节为重点，在统一的信息平台上，通过对各种问题信息进行综合分析，按照规范的信息处理流程，实现信息在相关作业、管理环节间受控流转和综合运用，使相关人员及时掌握设备质量、现场作业和安全管理中存在的问题，制定和完善相关的制度和措施，保证问题得到及时整改，实现安全生产有序可控。信息系统主要具备以下功能：

（1）信息收集。通过各级管理人员输入信息，有效地将铁路安全生产及日常检查的安全信息、事故、事故苗子及安全隐患信息从不同地点、不同路线快速纳入系统数据库。

（2）信息分级分类。系统按照安全问题的业务管理范畴，建立路局、站段、车间等不同安全问题管理级别；同时也可按照车、机、工、电、辆等不同业务系统及问题类别进行分类，使安全信息得到有效梳理，各负其责、上下协同、分级监督。

（3）信息综合统计与分析。系统可以根据不同级别的部门实时或定时对安全信息的分布情况、发生的时间段、线路、人员状况、信息数量、质量情况、倾向性问题，以及产生的原因等进行统计分析。通过分析铁路安全事故、问题的状态描述信息，找出发生这些安全问题、事故的原因、倾向、规律。

（4）信息反馈及闭环管理。系统可以及时将各类问题反馈到有关部门、单位，从而采取措施进行整改和消除，实现安全信息的追踪、销号等一系列闭环管理。

五、进行事后分析

事后分析就是要对危机发生前的预测、预控、预警和危机发生后力求尽快处理，以及制订预案时对各种危机情形进行预先模拟分析和研究，提高处置能力；注重培养全员危机意识，对事前危机预防、准备和事中应急处置中如危机意识不强、反应迟缓、内部混乱等问题要加以动态的分析，以便随时修正和充实危机处理对策，必要时编制危机手册并进行角色模拟，以便对新的危机做好处置准备。事前和事中控制好的做法需要继承，不恰当之处需要及时改进，有时针对某一做法，从流程细分看，好的和不恰当的做法相互交织在一起，比较复杂，需要统筹研究，进行扬弃整合，形成危机闭环管理。当然，事后分析还需要与风险评估与管理结合起来，将危机管理水平提升到一个新的高度。

第二章　高速铁路运输组织

第一节　高速铁路运输组织关键技术的初步分析

高速铁路作为现代化的运输方式，具有技术含量高、旅客输送能力大、全天候、速度快、安全性好、正点率高等特征，是世界各国如日本、德国、法国等经济发达国家首先采用的主要运输方式。高速铁路（Railway Passenger-dedicated Line）是指铁路线路中专门运输旅客的线路，而且新建的客运专线必定是高速铁路。按照我国《中长期铁路网规划》，至 2020 年，我国将新建 1.8 万 km 的铁路高速铁路和城际轨道客运系统，形成"四纵四横"的快速客运通道。高铁运输组织是指通过综合协调运输需求与各类软硬件条件及资源为旅客提供良好的运输服务的各类组织技术与方法。可以说，高速铁路运输组织必将成为新的研究课题，对运输组织的技术关键进行分析有其特殊的重要意义。高速铁路运输组织技术关键应包括运输组织模式选择、列车开行方案的确定、列车运行图编制、动车组列车运行计划优化和运营调度系统等方面，这些方面紧密联系、相互作用，系统地统一在运输组织之中，我们需要充分掌握和借鉴国外在高速铁路运输组织上的成功经验，对我国高速铁路运输组织的关键技术进行分析，以便提出适合我国的运输组织初步方案。

一、运输组织模式的选择

运输组织模式是研究高速铁路运输组织的首要问题。高速铁路的运输组织模式是指在高速铁路线开行何种列车，即如何组织各种形式列车在高速铁路线上运行。由于各国国情不同，采用的运输组织模式也有所不同，国外一般有以下三种运营模式。

日本新干线采取"全高速—换乘"的组织模式，高速线上只运行高速列车，无跨线列车运行，跨线旅客采取换乘的方式；法国从整体上采用"全高速—下线运行"的方法，延长 TGV 高速列车的运行距离，拓展其通达范围，确保高速铁路及整个路网的整体可靠性，从而减少旅客换乘次数；德国采用"客货混运"的运输方式，高速线路上白天运行 ICE 列车，夜间运行货物列车。另外，意大利、西班牙铁路采取"综合模式"，相当于以上三种模式的综合，即有些列车只在高速线上行驶，有些高速列车则要下高速线，延伸到一些不在高速线上的大城市，其他非高速如鲜活、易腐货物等快速货车也可在高速线上运行。

"全高速—换乘"模式适用于自成体系的纯高速铁路，具有列车运行速度高、追踪时间短、运输组织简单、运输能力大而且管理方便等优点，但旅客换乘成为该模式的关键性问题；"全高速—下线"模式适用于与普通线路衔接的高速铁路，优点：一是高速线上列车可以按平行运行图组织运行，通过能力大；二是高速列车下线运行，能够较好解决跨线旅客问题。该模式的缺点是需要较多的高速列车车底，必须要求高速铁路与既有线兼容。"客货混运"模式多适用于既有线改建的线路上，在客货列车混运时段内，客货列车速差大，客车扣除系数大，通过能力较小，列车运行组织复杂。

从世界高速铁路运输组织的发展趋势看，发达国家广泛采用全高速、高速列车下高速线的模式，并取得了良好的经济效益。根据我国规划的高速铁路，按通道类别可分为通道和城际型高速铁路；按运行速度的不同，可分为 300km 及以上和 200~250km 的高速铁路。我国高速铁路建设刚刚起步，本线列车、跨线列车相结合的多种速度组合以及"客货混跑"的运输组织模式是其必经的发展阶段。一般说来，城际高速铁路吸引城际间客流为主，主要解决相邻发达城市间大量、高密度、乘车时间高度灵活的始发、终到客流，客流大都集中在白天，随到随走，与既有线衔接相对较少，运输组织模式相对简单。通道型高速铁路因所处区域的不同和与既有线衔接的情况，各种运输组织模式都将存在，而且较为复杂，在有条件时，应逐步在 300km/h 以上线路上增大全高速列车的数量和运行范围，减少跨线列车 200~250km/h 列车的比例，最终实行高速铁路的全高速列车的运行。

二、列车开行方案的确定

旅客列车开行方案是以客运量为基础，以客流性质、特点和规律为依据，体现从客流到列车流的组织方案，重点在于确定旅客列车的运行区段、运行径路、种类和开行对数，是编制列车运行图的前提。国外高速铁路列车开行方案具有列车种类繁多、高密度、编组灵活、多定员、停站时间短、停站方案多、车站站线利用率高、列车服务频率高等特点。而且，我们能看到一些较新的方案，值得借鉴。例如，为了适应各时段客流变化，欧洲和日本铁路在高峰时段经常采用"多列联运"的方式增加载客量，在客流密度较低的时段再把列车分开；德国高速列车开行的主要理念体现方便性、快捷性、通达性兼顾的原则。另外，国外已经实现客流预测和客车开行方案的有机结合，注重客流预测与列车开行方案设计的一体化，并通过计算机从模型中编制出来，编制出的列车开行方案符合市场需要，可以吸引更多的客流。其中，日本在运量预测工作中非常注重生产数据的积累分析，利用售票系统、自动售票机、自动检票机、乘务员的交通日报等数据，对运输需求按时间（如年度、季度、月份、季节）、空间（如总输送量、列车种类别、线区、地域）、内容（如定期、非定期、座席种类等），进行分类统计，了解最新的动态数据，选择利用合适的模型对运输需求进行预测，提前做好运力安排准备。我国高速铁路客流包括高速客流、跨线客流、沿线客流，应从市场需求的角度考虑行车组织方案的基本设计要求，由此确定初步的方案。在设计行车组织方案时，要注意到整体可靠性和路线分配的整体经济性问题，尽可能考虑客流需求，基于分析市场需求、经营策略及人员和设备条件等进行，对季节、节假日、不同工作日等的客流变化有预见性地进行安排。还要针对每条线路的发车频率、中间车站的数目、列车的班次与时段配置等，精确确定每一列车的开行方案。其中，城际高速铁路列车开行数量具有按时段的波动性和规律性的特点，要精心设计列车在不同的时段按节拍式的开行方案。

三、列车运行图的编制

列车运行图是铁路运输组织最重要的技术文件，编制质量一方面可以促进列车开行方案、车站工作组织的优化，同时还可以减少列车的晚点传播，降低日常调度指挥的难度；另一方面能够提高动车组和乘务人员的运用效率。由于高速铁路在行车组织、列车运行速度、天窗设置等方面与非高速铁路有很大的区别，高速列车运行图的铺画方法势必与双线非高速列车运行图有较大差距，高速线与非高速线衔接直接关系到运行图的布局。

国外高速铁路编图系统比较成熟，功能已经完善。日本是规格化运行图，西欧是节拍列车。周期性运行图的优点是能极大地方便旅客出行并带动相关工作如售票方式、车站服务方式的转变和完善；缺点是能力利用上有缺陷并额外增加停站。日本新干线在运行图编制中，尽可能考虑到运输变化的情况，并在运行图中充分表现出季节、节假日、周日、日间等方面的波动变化；法国铁路采用 THOR 软件作为编制列车运行图的辅助工具，将线路的技术资料，如平纵断面数据、限速要求、车站位置、高速动车组牵引与制动特性、列车长度与重量等输入数据库内，将申请的列车开行计划如始发终到站、中间停站与时间等同样输入软件，THOR 综合起来进行列车牵引计算，随即生成精确到每一列车的运行线。

旅客列车开行方案和列车运行图反映了客运产品的设计水平。我国高速铁路初期，除了借鉴国外各高速铁路的车站作业计划编制系统的经验之外，还应研发适合中国国情特点的编制系统。要按照一体化设计的思想，运行图编制直接面对旅客需求，对经济效益有较好的预见性，根据运营质量要求与实际运营条件综合比较确定运行图参数。在列车运行图编制过程中，要充分考虑到不同时段、不同出行目的的旅客需求列车开行数量受动车组数量和运用方式的制约，尽可能提高动车组的上线率；对于跨线列车和本线高速列车，需要明确其优先原则和列车等级；跨线列车运行线布局方案应尽可能考虑高速铁路的能力，并为本线列车开行创造条件；运行的各类列车彼此间存在高度的依赖性，要尽可能考虑相关运行线的紧密衔接，方便旅客换乘；还要设置好综合维修天窗方案等。总之，编制出的运行图要具有周期性特征，即每个周期内列车出发时刻相对固定，开行数量、运行顺序、速度、越行、各时段接续方案都基本相同。另外，参考国外铁路运营调整的经验，在尽可能保证基本图不变的前提下，随时根据客流预测情况编制相应列车运行图，最大化地适应客流实时变化需求。

四、动车组运用计划的优化

大量动车组是高速铁路主要的运载工具，动车组运用计划也就成为高速铁路运输组织的技术关键的重要组成部分。动车组运用计划是动车组运用和维修的综合计划，是在列车运行图、动车组检修修程规定以及检修基地条件等既定的条件下，对动车组担当列车车次周转和在何地点进行哪种类型检修等做出的具体安排，以确保良好状态的动车组实现列车运行图。动车组运用计划主要包括三个方面：动车组交路与运转制、动车组的乘务组织、动车组的周转时间与车组需要数量。动车组运用计划最终反映在动车组周转图上。

提高动车组使用效率和保持良好的运行状态是矛盾的两个方面，动车组运用计划就是要实现动车组的运用与整备、维修一体化。一方面，动车组的运载设备运用和管理理念已经从常规铁路的分散化走向集中化，动车组检修包括日常检修和定期检修，各级修程分别对应检修周期走行公里数；另一方面，动车组运用主要有固定区段和不固定区段使用方式两种。尤其是不固定区段的运用方式，因运行区段没有限制、一组动车组多车次套用而且可以兼顾长短交路套用，已经在国外的运作以及我国铁路既有线提速开行动车组得到了成功的验证。同时，动车组乘务制度应随之与运行方式相协调，采取不固定交路轮乘制，有利于提高动车组的使用效率，减少配属站数量。因此，可以说，整备和维修是保证动车组有效使用和运用质量的前提条件，而动车组运用计划又是合理安排整备和维修工作的重要依据。列车运行图编制和运行调整时也应注意其中的相互关系，将动车组运用、整备、维修计划同时编制、统筹安排，这也是运输组织的难点之一。

国外高速动车组运用计划通常都是与客车开行计划、列车运行图及调度系统结合产生的，以提高动车组利用率、减少动车组使用数量，降低运用成本为日常的运输组织原则，在实际中依靠综合调度来实施调整。例如，日本新干线实现包括车底运用在内的运输组织全面计算机管理；法国采用动车组长短交路相结合、多次循环开行的方式提高动车组使用效率；德国通过优化运行图保证运行线的良好接续来提高动车组使用效率等等，这些都值得我们借鉴。

五、运营调度指挥系统的构建

高速铁路运营调度系统是高速铁路运营管理和列车运行控制的中枢，是高速铁路高新技术的集中体现，是高速铁路运营管理现代化、自动化、安全高效的标志，并对统一指挥列车运行和协调铁路运输各部门的工作作用重大。因此，需要建立一个高效率的、现代化的运营调度系统，构建集各专业功能于一体的综合调度系统，能够充分发挥高速铁路本身所具有的运输能力，确保高速铁路的行车安全和优质服务。

高速铁路运营调度指挥系统涉及运输组织、机车车辆、通信信号、供电、安全监控、维护救援、旅客服务等多个方面。在运营调度系统功能上，各国调度系统在综合程度上存在着一定差异，总结各国的情况，各国高速铁路调度指挥机构设置方式与本国的国情（城市分布、其他交通方式的发展水平）、运输组织方式、运营管理模式紧密结合；并重视活动资源的优化利用（动车组、乘务员运用）和旅客运输的服务质量。例如，日本高速铁路调度指挥系统是典型的综合型指挥系统，整合干线子系统后，COSMOS（computer aided traffic control）成为功能最全的系统，由运输计划、运行管理、养护作业管理、动车组基地作业管理、动车组管理、信号通信设备监控、电力控制等8个子系统构成。该系统以运输计划为龙头，综合了与行车有关的各方面的内容，使整个调度指挥系统全面协调地工作；德国由于高速线是既有线的一部分，其调度指挥也与既有调度指挥融为一体。

我国高速铁路运营调度无论采用何种模式，都需要有一个对全路高速铁路进行统一管理和监督的机构，保证高速铁路之间、高速铁路与既有线之间的协调。可将运营调度系统设计为一体化的综合系统，具有计划编制、运行管理、动车组管理、供电管理、旅客服务、综合维修等功能，并遵循以准确的计划为核心，实现基本计划、实施计划和运行实绩的统一管理。

我们还要看到，高速铁路与既有线的衔接将成为新的运输"瓶颈"。高速铁路调度系统与既有线调度系统间的数据交换将十分频繁，两套信息系统数据共享壁垒的矛盾将越来越突出。所以在高速铁路调度系统开发初期应该考虑高速铁路与既有线最终使用统一的调度系统软件平台。这样做的优点十分明显：大量节省两套系统接口程序的软件开发及运行应用成本；两套系统实现"无缝"连接，为提高运输调度指挥的效率提供极大的便利；为今后高速铁路与既有线运输调度指挥可能存在的重新整合提供了信息平台技术保障。实现这一目的有两种途径：一是在现有既有线调度系统的基础上进行升级改造，使之满足高速铁路运输调度的需要；二是在重新设计开发高速铁路调度系统时一定要考虑涵盖现有既有线调度系统的所有功能。

第二节　城际高速铁路客流分析

城际铁路是指为满足经济发达、人口稠密的城市群内各个城市之间或城市与卫星城市之间旅客出行需要的高速铁路。客流分析是指运用科学方法，利用分析对象的历史、现状数据以及经验，对特定区域范围的客流量进行分析，从而得到客流的变化规律和趋势。客流分析是研究城际铁路列车运营组织的前提和基础。城际铁路客流特征既不同于既有铁路、其他高速铁路，也不同于城市轨道交通客流，具有独特性。如何根据现有城际铁路客流数据科学分析客流，是城际铁路投入运营后亟待解决的现实问题。本节通过分析沪宁城际高速铁路客运需求特征及客流变化特征，提出满足客运需求运营组织的相关措施，以便为城际铁路运营组织设计及优化提供参考依据。

一、城际客运需求特征及内涵分析

（一）需求特征

1.需求量增大

环渤海、长三角、珠三角地区是我国经济最发达的城市组群区域，区域城市组群间经济互补性强、人员交往频繁、客流区域明显。根据上海铁路局客流调查数据，沪宁通道内城际客流约占 60%，且城际高端客流比重大。随着城市化水平的提高，通勤、商务客流将急剧上升。随着客运需求数量的迅速增长，旅客出行消费将要求方便快捷、经济合理、环境舒适、服务质量、安全可靠的交通方式，也就是说对运输质量的需求将更加突出。从沪宁线客流变化可以看出城际客流的需求量在不断增大。

2. 需求多层次

城际客流以短途客流为主，主要由城市之间、城市郊区与城市之间、城市郊区与相邻城市之间出行三部分组成。客流分布主要与沿线经由的城市规模相关，可归纳为中心城市间客流和沿线城镇客流。城际客流是两种客流的叠加，客流需求同时具有多样性和个性化特点。

（1）中心城际客流。其起讫点一般均为客流较大的中心城市，两中心城市之间的客流占据较大部分，主要特征主要体现在以下方面：一是服务层次高。主要以商务、公务客流为主，具有出行规律明显、聚集时间短、流量变化快、出行频率高等特点。这部分客流的特点是比较稳定，对出行时间和舒适度的要求较高，对票价的承受能力较强。二是运输时效性强，具有对交通出行的时间性、安全性、快速性、舒适性要求较高，对票价承受能力强等特征，比较关注列车的始发、终到时刻和舒适性、方便性，这部分客流出行具有明显的时段性。

（2）多中心客流趋势。部分经济发达区域，呈现多中心客流趋势。如长三角城市群以上海为核心的多中心城市群格局已经形成，城镇网络趋于完善，现已形成以上海、南京、杭州及宁波等城市为中心以及相应的次级城市群，如苏州、无锡所组成的多中心空间格局，具备向外辐射能力和向外扩张的要求，核心城市的带动作用进一步增强，新的客运站快速增长趋势明显。例如，昆山位处江苏省东南部、上海与苏州之间，是经济高度国际化的开放型城市，是国际资本投入的高密度地区和经济发展的高增长地区。沪宁城际高速铁路开通运营后，昆山南站日均发送 1.2 万人次，节假日高峰期间已超过 3 万人。

（3）沿线城镇客流。沿线地区经济较发达、人口规模大，与外界交往密切，客流集中，在较大的客流集散点设有车站，这部分客流由于旅行时间短，对旅行时间、舒适性要求较低，而对提供的出行机会较为关注，对便捷性和经济性等方面有较高要求，这部分客流呈现节假日、黄金周、暑期客流增大等特征。

3. 出行波动性强

城际客流定位是以商务、公务客流为主，旅客的年龄构成以中青年为主，旅客的身份以管理人员和技术人员为主，相对文化水平较高，消费能力强，出行波动性强。城际旅客出行除了每日存在三个高峰时间段外，每周各日也不尽相同，周五到周日为客流高峰期，明显高于平日客流。此外，旅客出行波动性强还表现在：就某一列车而言，每日上座率均不同。例如，每日由上海站开行 G7252 次列车，终到站为苏州站，上座率仅为 50%~70%。到达苏州站后，7：00 接续开行苏州—上海 G7251 次，每日旅客上座率在 80%~100% 之间波动，变化大。

4. 替代竞争强

经济发达区域内高速公路等其他交通运输方式非常发达，旅客对服务质量敏感，即对旅客列车开行时间、服务频率、停站等反应十分明显。例如，沪宁城际开通初期，因高速铁路票价较高（上海—南京二等座为 146 元），既有线动车组列车一票难求（上海—南京二等座为 94 元）。上海公路客运中心每天要分流 5000 人左右，将原到南京的汽车票价由 150 元降价为 100 元，并采取增开车次、提高服务质量的办法与高速铁路竞争。后因高速铁路技术经济特征等优势被旅客逐渐接受后，其他交通运输方式的客流转移到高速铁路，城际客流才逐渐趋于平稳。

二、需求内涵分析

客运需求既包含对运输数量和结构的需求，又包含对运输质量的需求。随着经济的不断发展，城际铁路客运通道内客运市场已由单纯的数量需求开始转向数量、结构以及质量的双重要求，运能与运量的矛盾已经转化为日益增长的客运需求与城际铁路运输供给之间的矛盾。城际铁路开通运营前，运能不适应运量增长需求这一矛盾已长期化和明显化，一直掩盖了运输质量需求与铁路不相适应这一深层次的矛盾。

数量和结构需求是指在需要空间移动的旅客数量及空间移动的距离等方面，包括客流的流量、流向、流程等；结构需求是指客流时间、地点、列车种类等方面的需求。质量需求是指不同旅客群体在安全的条件下，要求提供快速、舒适、方便的运输服务以及通达程度、畅通程度等方面的需求。

客运需求决定了城际铁路运输供给必须具有一定的适应能力，主要表现在以下方面：数量和结构需求要求具有一定数量的列车对数，就要妥善安排好各种类列车，满足客运多层次的需求；运输数量和结构方面的需求决定了列车开行数量具有时段性特征。表现在一昼夜内客运需求不能等同，会出现高峰和低谷各个不同的需求时段，导致列车运行线不均衡。运输质量的需求决定了城际铁路要以提高运输质量为出发点，确保列车运行的安全正点。

目前，国外已经实现客流分析和旅客列车开行方案的有机结合，注重客流分析及预测与列车开行方案设计的一体化，并应用计算机技术进行编制，编制的列车开行方案符合市场需要，可以吸引更多的客流。其中，日本在运量预测工作中非常注重生产数据的积累分析，利用售票系统、自动售票机、自动检票机、乘务员的交通日报等数据，对运输需求按时间（如年度、季度、月份、季节）、空间（如总输送量、列车种类、地区、线路）及内容（如定期、非定期、座席种类等）进行分类统计，掌握最新的动态数据，选择利用合适的模型对运输需求进行预测，提前做好运力计划。这些方面需要我们借鉴。同时，除了满足日客运需求外，还要满足短时客运需求的变化，客流预测要精确到小时、时段、天、周预测，这方面需要深入研究。另外，2011年7月，城际铁路已实现实名制购票，可根据客票数据，采取数据挖掘方法深入分析客流性质、结构、组成等方面。最后，从城际铁路长期的运营实践看，站间客流OD具有较强的随机性，但目前基于确定客流OD值分析的较多，而基于随机客流研究的较少，需要深入研究城际客流的随机变化情况。

第三节　京沪高速铁路通过能力适应性分析

京沪高速铁路是世界上一次建成线路最长、标准最高的高速铁路。京沪高速铁路连接了我国最繁华的城市，在世界上占有举足轻重的地位，横跨京、津、冀、鲁、皖、苏、沪7省市，所经省市面积占全国国土面积的6.5%，人口占全国的26.7%，是中国经济发展最发达的地区之一。京沪高速铁路连接"环渤海"和"长三角"两大经济区，承担两大经济区域以及京沪通道内区域旅客出行的需要。自2011年6月30日开通运营以来，运量快速增长，日均客流量翻番，2014年客流量过亿，该线运能已经不适应客流量不断增长的需要。在大运量冲击下，受多种因素影响，京沪高速铁路不同区段和车站的通过能力在高峰时段已趋饱和，急需采取技术组织扩能方案，以适应不断增长的客流需求。考虑高速铁路线路扩能在我国的研究尚属于初步阶段，还没有成熟的理论和方法可借鉴，本节通过京沪高速铁路徐州东—上海虹桥段影响因素的两两相关性分析，综合提出技术组织相关措施和改扩建初步方案，以便为扩能提供辅助决策。

一、京沪高速铁路运营概况

京沪高速铁路由北京南站至上海虹桥站，全长1318km，设计时速350km，运营初期速度300km/h，最大坡度为20‰，设有24个车站，车站到发线有效长650km，平均站间距59.4km，最长站间距离为沧州西—德州东站103.8km，上海铁路局管辖徐州东—上海虹桥段最长线间距离为88km；该线全线采用CTC调度集中指挥、CTCS-3列车运行控制、GSM-R无线通信、临时限速服务器列控限速管理、无线闭塞中心、防灾系统等先进的高科技设备，主要采用CRH380A（L）、CRH380B（L）、CRH2A等三种车型的动车组担任运输旅客的任务，有8节、16节两种车辆编组方式。京沪高速铁路采取"高密度、小编组、公交化"的运输组织方式,建立了随季节和市场灵活变化调整的弹性机制,根据季节、时间、上座率的高低推出不同的营销方法,实施日常(周一至周四)、周末(周五至周日)、高峰日(春运、暑运、黄金周和小长假)三种列车运行图。在日常和周末遇有突发客流时,可增开高速铁路列车。从客流及上座率的情况进行分析,京沪高速铁路自开通运营以来上座率不断提高,年增长率为15%~20%,现在基本保持在70%~73%之间,日均收入达5000万元以上。自2011年下半年开通运营起,2011—2015年日均客流量分别为13.4万、17.8万、23.0万、29.0万、31.2万人次,2013年2月28日,开通运营17个月的京沪高速铁路迎来第1亿名旅客,截至2014年7月,日均运送旅客27.2万人次,全国共有2.2亿人次乘坐了京沪高速铁路列车。2014年,京沪高速铁路列车客座利用率超过80%。京沪高速铁路沿线同城效益十分明显,高速铁路已成为人们出行的"城市公交""陆地航班"。2015年7月,全线开行列车由最初的日均143列增加至日均2%列,其中跨线列车比例已由开行之初的36.7%提升到现在的65.4%。

二、京沪高速铁路通过能力影响因素分析

(一)分析思路和方法

通过能力由区段通过能力和车站通过能力构成。区段通常由多个区间组成。区间通过能力主要受区间长度、线路平纵断面、牵引机车类型、信联闭设备等影响,影响因素还包括区段内中间站的数量及各区间距离极其不均衡性,列车追踪、到达和出发间隔时分,列车起停车附加时分及运行速度,各类型列车的分布结构等。区段通过能力是区间通过能力的整体反映。车站通过能力主要包括到发线和咽喉通过能力。高速铁路车站按作业性质和线路上的位置可分为始发和终到站、中间站、越行站,始发站和终到站通常连接动车运用所,简称动车所。

可见,区段通过能力与车站通过能力相互影响和相互制约,研究通过能力需要综合考虑,不能将两者割裂开,实际的通过能力应是两者结合的集约效应体现。通过能力分析要考虑各种运输设备的数量、时空配置、运营特点以及生产过程中的组织管理。本节将比较京沪高速铁路两种通过能力影响因素相关性最强的两个因素,阐明该线的能力薄弱环节。目前,京沪高速铁路部分车站、区段、动车所、设备等方面都存在通过能力薄弱环节,这些环节相互联系、相互作用、相互交织,难以满足不断增长的客流需求。

(二)主要因素分析

1. 站间距离和列车组织模式

各国高速铁路平均站间距离差别很大,日本东海道新干线平均站间距34.4km,最

长区间为 68.06km，山阳新干线最短站间距为 10.551km；法国最长站间距超过 100km，而最短的仅为 9.9bn。受城市分布、城市间距离的制约，京沪高速铁路在上海局管内平均站间距为 55km。其中，沪宁段城市密度大，站平均距离约 40km；徐宁段城市少，平均距离为 66km。

从某种程度上讲，通过能力是所辖各区间列车排列顺序的综合体现。京沪高速铁路列车运行组织采用 G 字头（300km/h）本线和 D 字头（250km/h）跨线动车组共线的运行模式，两种不同种类列车速差较大的情况下，站间距离较长及区间的不均等程度对通过能力影响则更大。因速差不同，不同种类列车之间不可避免地产生越行，而且站间距越长，该模式对通过能力影响越大，特别在遇有设备故障的情况下，选择越行站安排列车越行就更加困难。在实际调度调整过程中，考虑到动车组交路安排等原因，300km/h 列车之间也可能产生越行，只不过概率较低。

2. 客流区段和高峰时段

为研究方便，可以把旅客列车对数相同的区间所组成的区段称为客流区段。整个区段列车运行图通常由若干客流区段构成，其中通过能力最小者为区段的通过能力。京沪高速铁路徐州东—蚌埠南—南京南段为多方向合流区段，列车运行线铺画比较复杂，通过能力相对紧张。京沪高速铁路分别在徐州东站、蚌埠南站、南京南站分别衔接郑徐（在建）、合蚌和京福、宁杭和杭甬客运专线。这样，京沪高速铁路徐虹段可划分为三个区段，即徐州东—蚌埠南、蚌埠南—南京南、南京南—上海虹桥段。

为旅客出行提供快捷、舒适的旅行条件是高速铁路运输组织的出发点，相应列车运行线的安排必须符合旅客出行规律。高峰时间一般在 8：00—10：00 和 16：00—18：00，该时段为客座利用率较高的"黄金时段"，列车服务频率相应较高，高峰时段大量列车密集到发，造成运力资源利用极不均衡。根据 2015 年"7.1"列车运行图，徐州东—蚌埠南间在 10：00—20：00 间的 10h 内安排 97 对，其中 G 字头列车 93 对，D 字头列车 4 对，平均每小时近 10 对车，列车平均间隔 6mm，列车运行图调整的弹性小，很难满足高质量旅客出行提供优质服务的需要。

不妨采取能力扣除系数的方法分析，区间运行速度不同的列车相互之间要产生扣除，速差越大，扣除系数越大，通过能力越小。根据编图经验，若按一列 D 字头动车按换算 3 列 G 字头高速铁路列车计算，实际图定 97 对 G 字头对可换算量为 109 对（97+4×3）；又由于京沪高速铁路中间站安排部分列车办客以及开行正点列车造成列车避让等原因，产生了能力扣除，按每停站、避让一次扣除能力 1 列计算，现图上行安排了 13 列车办客、6 列车避让，使得图定列对换算量为 128 对（109+13+6），则平均每小时 12.8 对，列车间隔 4.69min。铁路总公司规定高速列车连发时间为 5min，这样富余时间只有 0.31min，已近饱和极限。另外，根据京沪高速铁路设计能力为 140 对 / 日分析，徐州东至一蚌埠南站能力最为紧张，这个区间的高峰时段能力利用率超过 100%，甚至达到超饱和状态。

3. 延续进路设置和列车停站次数

在一定线路设备条件下，当列车站外制动距离内换算坡度大于 6‰c，如果该方向接车线末端未设隔开设备，则信号需要按延续进路设置。京沪高速铁路宿州东站、蚌埠南站、定远站、南京南站接车方向均设有延续进路。信号延续进路是指当排列带有延续进路的列车接车进路时，其接车进路后方信号延续区段同时被占用并锁定，并规定列车进入到发线，列车尾部越过警冲标后方的到发线信号绝缘节进入发线内 3min 后，其接车进路才能解锁。因此，同向进站、出站和经由车站通过的列车信号机开放均受信号延续进路限制而延迟，车站接发车能力受到影响，列车停站次数越多，对通过能力影响也越大。特别是多方向接轨站和停站次数较多的大站影响尤为突出。

为充分体现动车组的速度优势，应尽可能提高动车组列车旅行速度，受车站接车线平行进路数量的限制，通常是当 1 条线路办理接车作业时，其他到发线接发车会受到影响，各类列车提高旅行速度很难。根据统计，京沪高速铁路全程停 1 站的占 4.5%，停 2 站的占 11.4%，停 6~7 站的占 63.6%，停 8 站以上的占 20.5%。这就需要统筹考虑各类列车的停站次数。宿州东站和定远站虽然停站次数不多，但由于其所处延续进路的限制区段内，接车延续进路的设置造成较大的能力耗费。

4. 始发终到站和动车所阶段能力紧张

日本、德国、法国在车站设计中，均考虑了高峰时段列车到发对车站规模的影响，满足在高峰时段列车密集到发的需要。京沪高速铁路虹桥站和动车所能力在阶段性方面存在的能力不匹配现象明显。

（1）上海虹桥高速场阶段性股道运用紧张。主要表现在早晚两个时段，早上 6：00—10：00 高峰时段内，出库动车组列车 45 列（京沪存车场 21 列、沪杭存车场 16 列、南翔高级修场 4 列、上海南 4 列）；20：00—24：00 进库动车组列车 53 列（京沪存车场 26 列、沪杭存车场 17 列、南翔高级修场 3 列、上海南 7 列）。这两个时段，因动车组车底集中进出库，虹桥动车所联络线能力已使用饱和。另外，由于车型、轮对踏面检测装置（每个存车场只有一条进路上安装一套）的原因，虹桥高速场进虹桥动车所京沪存车场与经京沪存车场进南翔动车所间的列车、虹桥高速场进动车所与虹桥综合场进动车所经轮对踏面检测间的列车相互干扰，若遇有列车到达晚点等情况发生，就会引起列车连锁晚点反应，直接影响虹桥高速场的股道运用和接发车作业秩序。

（2）动车所运用能力时段性紧张限制。动车组基本是夜间检修、白天上线运行，但受动车所检修车底型号、检修能力、存车能力的限制，使得高速铁路线路能力不能得到充分发挥。主要表现在：车底早上集中出库、晚上集中进库，使得早、晚两时段能力不能全部用足。考虑到动车所受检修型号限制，部分车底回送至非邻近动车所；同时受检修、存车能力限制，部分车底提前下线检修、安排存放地点。进入虹桥动车所的时间集中在每日 20∶00—24∶00，动车组入所通过轮对踏面检测装置和受电弓动态检测系统时限速 10~12km/h，按照每列动车组长度 400m 计算，每列动车组通过检测装置的时间（检测速度按 10km/h 计算，实际通过速度在 10km/h 以下）为 2.4min，行车间隔按 3min 计算，每列动车组入所时间为 5.4min，根据 2015 年 7 月列车运行图，39 列入所动车组加上 4 列通过动车组总时间达到 232.2min，计 3.87h，接近 4h，而虹桥动车所接入的动车组经过踏面检测装置运行的比率偏高，需经过轮对踏面检测的动车组占到 80% 以上，考虑到动车组不均衡到达，同时列车晚点持续循环影响，虹桥动车所入所一般情况下要持续至次日凌晨 1∶00。由于虹桥动车所仅在虹高动车 A、C 线处设有轮对踏面检测装置，经过轮对踏面检测装置接车时受到进路交叉影响，无法形成平行进路，进运用所的效率大大降低。

5.有效时间带和潜在通过能力

为满足设备维修需要，高速铁路都设有综合维修天窗，天窗时间通常设在 0∶00—6∶00。由于天窗多采用垂直矩形天窗，列车只能在 6∶00 以及以后出发，0∶00 及其以前到达。因此，不同运行距离的列车就形成了有效时间带。京沪高速铁路设置 4h 的综合施工垂直天窗，上下行均设在 0∶30—4∶30。鉴于北京南至上海虹桥站间高速铁路动车旅行时间一般超过 5h，日常为错开夜间 4h 垂直维修天窗，北京南站往上海虹桥方向和上海虹桥往北京南站方向开行的长距离高速铁路动车始发时间只能限制在 17∶30 之前，由此形成了目前徐州东站下行 6∶00—10∶00 和上行 21∶00—23∶00 之间到发列车极少，造成京沪高速铁路全线通过能力限制区段徐州东—蚌埠南间出现较大能力虚空，而如果该时段内在徐州东站增加开行通过该区段的始发终到动车组列车，就可以有效释放全区段虚空的通过能力，提高通过能力利用率，满足徐州枢纽地区旅客出行及旅客中转换乘需求。因此，在徐州东站增开始发终到列车，配设相关动车存放设施，对于充分利用京沪高速铁路现有通过能力十分有利。

三、提高通过能力的技术改进措施

要保证高速铁路运输能力的提高，就要将各种限制京沪高速铁路能力的影响因素统筹考虑、综合平衡，提出相关技术组织措施和扩能方案。

（1）系统设计列车运行图。挖掘列车运行图的编制质量和潜力是第一资源。主要是通过优化列车运行图的技术手段，在编制列车运行图过程中，通过挖潜提效的手段，实现点线能力的紧密衔接和匹配，努力提高运行图的旅行速度，不断优化区段和部分车站以及动车运用所在通过能力紧张时段相适应的程度。

（2）根据徐州东—蚌埠南间车站及线路特点，合理优化列车停站安排，并争取在大部分时间段内采取平行运行的方式安排列车开行，尽量减少列车越行，最大化使用车站和线路的能力；有条件时候，使相同停站的列车适当追踪铺画，也是减小高速列车扣除系数的有效办法；合理的列车停站方案能为旅客提供快捷、方便的乘车环境以吸引更多客流，要根据客流需求，合理安排各次列车的停站次数。列车停站方案选取京沪高速铁路本线列车起讫点为北京南—上海虹桥的"G"字头列车，目前停站方案主要有仅停—南京南站的直达列车，省际直达列车（仅停济南西、南京南站）和以省会城市为固定停站（济南西、南京南站）为骨干、其他城市交错停站（一般停 4~7 站，其中德州东、泰安、徐州东、无锡东、苏州北站为基本停车站，其他站因客流需求量相比小只能在总体上安排兼顾停车几次）等三种模式。在安排停站时，可以根据客流需求的情况，在增加开行全程直达列车、优化交错停站列车方面在区段和时段方面深入研究，在总体上减少列车停站次数。

（3）京沪高速铁路在南京南站实现各方向列车分流后，相比较而言，南京南—上海虹桥间列车对数减少。考虑到沪宁区域的客流呈增长趋势，而且沪宁城际高速铁路目前列车上座率高峰时段达到 85% 以上，高峰时段能力利用紧张。随着京沪高速铁路沿线新城建设的发展以及其他交通方式衔接的快捷化，京沪高速铁路南京南—上海虹桥站间承担的沪宁城际区域客流量在逐步增大，可以增加并优化京沪高速铁路南京南—上海虹桥间始发终到的列车数量及点线安排，配合沪宁区域间的客流输送，进一步提高京沪高速铁路在本区段的通过能力。

（4）考虑到大量动车组在 0：00 左右集中到达，造成 20：00—0：00 入库动车组数量不足，动车所检修能力得不到发挥，0：00 以后动车组集中到达后受检修库线及作业小组数量限制，检修作业难以完成。因此，在编制列车运行图时，就要均衡每小时回动车所的动车组数量，并适当减少套跑临客数量，尽量保证动车组错时回所检修。还要考虑在柳絮、高温、雨雪冰冻等特殊天气条件下，动车组滤网更换、故障处置等临时工作将会大大增加，适当增加动车组的检修时间冗余量。

（5）编制列车运行图时，在尽量减少高峰时段列车越行次数，有条件时尽量不越行，还要确保高峰时段列车运行图具有一定的弹性，要有足够的应变能力，即列车运行线要预留一定的冗余时间，以减少个别列车晚点的影响；或者预留一定数量的备用线，让晚点列车按就近的备用线运行。当列车运行秩序紊乱时，要能尽快恢复正常，以保证能经常处于按图行车的状态。

（6）车站到发线运用方案影响着车站整体通过能力，车站衔接方向的数量与形式以及车站咽喉布置形式等影响着到发线运用方案的确定，需要在编制列车运行图时，对高峰时段几个客运量较大的车站提前预想到发线运用计划的安排，始发和终到站也要提前预想优化动车组运用折返交路的设计。

四、规范动车组检修作业方式

（1）改变动车组检修方式。动车调度在安排检修计划时，要改变目前先洗车后检修再存车的单一的作业方式，特别是积极调整 0：00—4：00 先存车后洗车再检修的作业方式，以提高动车所的洗车能力。

（2）调整动车组出库车底运转时分。出库动车组车底无须进行踏面检测，虹桥动车所至上海虹桥站一般只需 8min 运行时间，在调整图中可按 8min 安排运转时分，以提高运输效率。

五、取消部分车站延续进路

受既有线规章影响，高速铁路办理相对方向同时接车和同方向同时接发列车时可不受此限制。我国高速铁路停站列车进站速度考虑不超过 80km/h，列车自动控制系统完善可靠。高速铁路动车组列车自身制动设备可以满足规定的紧急制动要求，当进行侧线停车时，ATP/LKJ 列控装置已按侧向过岔要求对进站列车进行降速，18 号及以上道岔限速为 80km/h，列车进入股道后根据信号控制停车点目标速度，增加一定的安全距离，能够保证侧线接车时的行车安全。可以对已经设置延续进路的车站进行逐一排查，取消延续进路。目前，铁路总公司已经下文明确可以取消部分车站延续进路，该项工作正在逐项展开，限制车站通过能力这一因素正在逐步释放。

六、对虹桥站和动车所进行局部优化改造

（1）虹桥站局部优化改造。对虹桥站在京沪场 1 道附近，利用预留的 J18 道线位，增设 1 条外包到发线，增加避让功能，提高动车组通过虹桥动车所的通过能力。

（2）增加虹桥动车所轮对踏面检测装置。目前，虹桥动车所京沪存车场只有一条进

出库走行线路（共两条进出库走行线路）设轮对踏面检测装置，再在另一条进出库走行线路上增加轮对踏面检测装置，可增加南翔方向进库车底与京沪存车场进库轮对检测车底间及京沪存车场进库轮对检测之间的平行进库进路，极大地提高车底进库能力。

七、在徐州东站增设存车场

徐州东高速铁路站位于京沪高速铁路北京南站至上海虹桥站的中部，与北京南站相距 691.5km，与上海虹桥站相距 616.2km，与南京南站相距 330.5km，与杭州东站相距 583km，与合肥南站相距 304.8km，并与 2015 年 7 月份开通运营的合福客专、在建的郑徐客专和即将建设的徐连客专、徐宿淮盐客专相连，而且靠近上海局与济南局、郑州局的分界位置，是重要的铁路网枢纽，无论从地理位置、满足客运需求还是运营管理角度，在此开行始发终到动车组列车，配设动车存车场都是极为有利的。

京沪高速铁路除直通客流较大外，中途大站上下车客流量也相当可观。目前，徐州东高速铁路站基本图办理 234 列旅客列车，其中办客列车 193 列，始发终到 9 对。既有徐州动车存车场 6 股存车线，已安排存放 6 组动车组车底。徐州东目前票额计划为 6200 人（9 对始发终到动车），2014 年日均上车 1.82 万人，最高峰达到 4.5 万人。随着周边衔接的高速铁路建成，徐州东站的到发客运量还会持续攀升，预测合福、郑徐客专开通后，日均上车人数将达到 2.5 万人，最高峰可达到 6 万人，客运供需矛盾突出。

要承担如此大规模的旅客到发量，仅开行 9 对始发终到旅客列车显然是不够的，而开行过路旅客列车又难以满足如此庞大的客运需求。因此，极有必要增开本站始发终到的动车组列车，而加开始发终到列车需要配套建设相应规模的动车存车场，为满足在徐州东站加开始发终到动车组列车需求，扩建徐州东动车存车场十分必要。

八、提高 G 字头列车运营速度至 350km/h

京沪高速铁路实际设计速度为 380km/h，京沪高速铁路开通采取了 G 字头列车 350km/h 的运营方案，但开通后不久受 "7.23" 温州动车事故影响即实行了降速的策略。但从几年运行安全平稳的状态分析，从满足客流需求的角度和京沪通道区域经济发展的承受能力，可将 G 字头列车运营速度提高至 350km/h。若采取提速方案，预计可增加 G 字头列对 8%~10%，北京到上海最快旅行时间将从目前 5h 缩短到 4h。2016 年，郑州—徐州高速铁路开通后，将连接起郑州—西安的高速铁路，届时徐州—蚌埠段预计日均将增加列车 30 对，而且 D 字头列车将全部取消，全线均为 G 字头列车。若不尽快恢复 350km/h，并缩小列车运行间隔，京沪高速铁路运力将很快饱和。但列车高速运行时其相应控制系统精度要求高，设备磨耗、能耗等会有较大幅度增加，成本支出加大。同时在高速度、高等级列车的条件下，较高票价水平又限制了客流规模的进一步扩大。提速方案需要统筹设计优化。

第四节　沪杭高速铁路运营组织方案

沪杭高速铁路作为"四纵四横"高速铁路网中沪昆高速铁路的沪杭段一部分，首先要满足通道客运需求。沪昆通道线路全长 2095km，横跨我国的沪、浙、赣、湘、贵、滇等省市，是我国东西向线路里程最长、经过省份最多的铁路通道，也是我国南部地带东西向联络东、中、西部地区和通往东南亚国家的主要运输通道，主要承担东、中、西三大区域之间的客货运输交流。沪杭高速铁路又是"长三角"地区沪、宁、杭三角铁路网主干线之一，还要满足该区域客流需求。

沪杭高速铁路区域通道的定位因线网结构较为复杂，采取跨线和本线列车共线运行的运输组织模式，并以跨线运输为主，兼顾本线客流。近年来，随着沪杭高速铁路与甬台温、杭长两条干线汇集，沪杭高速铁路列车开行密度越来越大，通过能力越来越紧张，已成为上海南翔进出通道的瓶颈。2015 年年底，随着金丽温城际线、杭州至杭州南站间第 4 线的开通，沪杭高速铁路列车对数进一步增加。面对通道和区域客流都增长的趋势，沪杭高速铁路运能与运力之间的矛盾将进一步突显。因此，提高沪杭高速铁路的通过能力已成为当务之急，迫切需要调研分析客流需求以及该线路的运能供应情况，提出沪杭高速铁路运营组织优化方案，以便为扩能改造提供辅助参考。

一、沪航高速铁路运营现状

（一）沪杭高速铁路概况

2010 年 10 月 26 日，沪杭高速铁路开通运营，正线全长 169km，其中有 87% 的线路建设于桥梁之上。该线沿途经过上海市的闵行、松江、金山等区以及浙江省的嘉兴和杭州市，自上海虹桥站出发，依次经过松江南、金山北、嘉善南、嘉兴南、桐乡、海宁西及余杭等 7 座车站，最终引入杭州东站。沪杭高速铁路在首尾两端通过联络线将上海虹桥与上海站、杭州东站与杭州站各自相连。该线列车控制系统采用 CTCS-3 级，动车组采用 CRH2、CRH380 等多种类型，采取单编和重联形式运送旅客。

（二）运输组织方案

2015年"7.1"列车运行图，沪杭高速铁路列车对数达到122对，扣除00：0—6：00天窗时间，18h，不到10min开行一列车，通过能力已趋饱和。

从列车速度上看，时速300km的动车组列车有96对，均为杭长和沪杭方向，采用"G"字头标识；时速250km的动车组列车有26对，均为杭甬方向，采用"D"字头标识。

从是否跨线列车看，跨线列车108对，本线列车14对，跨线列车在上海虹桥—杭州东站间运行，目前上座率达80%以上；本线列车在上海虹桥（上海）—杭州站间运行，上座率达70%以上。由于本线列车发车频率不高，时间间隔基本上77min一列，加上"D"字头列车票价相对便宜，杭州东站与市区地铁、公交交通衔接方便等因素，跨线列车承担了很大部分的本线客流。

从列车停站看，把停2~3站的列车可作为骨干列车，但也有跨线列车在沪杭段采用直通的方式，例如虹桥—广州间4对"G"和2对"D"列车，其中2对"G"和"D"在沪杭段是直通。在运行图编制时，将骨干列车和直通的跨线列车做了重点安排。

基于周末客流量较大的特点，沪杭高速铁路针对日常和周末分别采用了两套不同的开行方案，即周一至周四实行日常开行方案，而周五至周日则实行周末开行方案。周末开行方案除了在列车的开行数量上有所增加，在列车编组方式上还采用了重联编组以增加运力的方式来应对周末的大客流。

二、沪航运营组织存在的问题

（一）列车开行方案需要精细化

列车开行方案应根据客流的变化规律及旅客的实际需求设计并要及时调整列车的开行方案，以适应并引导客流的变化，最大化满足旅客的出行需求，并提高上座率。根据目前沪杭高速铁路对于开行方案的设计，虽然已经注意到高速铁路客流在平日和在节假日的不同，并选择在客流突变的时间点如节假日和周末采用加开列车或增加编组的形式，但在实际的操作中，开行方案在细节方面尚存在与客流变化情况不一致之处，需要对开行方案的细节操作上进行针对性改进。同时，因为跨线和本线共同运送旅客，给客运需求预测带来一些实际困难，列车开行方案在适应旅客出行需要方面始终存在改善之处。

（二）区段通过能力的影响因素

1.速度差异影响通过能力

目前在沪杭高速铁路上运行的有300km/h、250km/h两种速度值的列车，不同速度值的列车产生的速差对通过能力影响较大。沪杭高速铁路G字头和D字头比例是

3.7：1，根据实际铺图经验，低速度值的列车每会让一次高速度值的列车，就等于浪费一条列车运行线；若在一个区段内低速度值的列车会让五六次，就等于少运行五六趟列车。因此，在技术条件允许的情况下使列车等速运行是高速铁路通过能力充分利用最大化的有效手段。

2. 动车组类型多车底交路复杂

沪杭高速铁路配属 250km/h 的 CRH2 型动车组和时速 300km/h 及以上的 CRH380A 型、CRH380AL、CRH380B、CRH380BL、CRH380CL 型等新一代高速动车组 178 标准组单编和重联方式。各型动车组通过车站咽喉区时间也是不同的，会影响车站通过能力。根据目前动车组车辆检修规定：48h 或是 4400km 要进行一级检修，为提高动车组车底利用效率，这两方面规定要尽量满足才是最佳的车底利用率方案。若仅对本线动车组列车车底运用进行优化，采取不套跑的方式，14 对本线车仅需要 2 组车底，每日公里数仅为 2366km，仅占日检修公里的 53.8%。因此，为提高动车组车底运用效率，目前的运行图采取本线和跨线套跑的方式优化设计交路，使得车底交路变得复杂。若发生设备故障，会增加调度指挥调整的难度。

3. 车站站型限制通过能力

（1）中间站车站站型限制。高速铁路列车追踪间隔时间是限制列车开行密度的重要因素，但部分高速铁路列车追踪时间参数尚不明确，部分时间标准沿用既有铁路的方法，部分时间参数的取值偏大，不利于运能的进一步提高，缺乏完整的理论体系，相关技术标准的计算方法需要完善。沪杭高速铁路车站除嘉兴南站外，其余 6 个站每个方向仅有一条到发线，遇有同一股道接发列车时，同向列车间的发到间隔时间（没有高速铁路这项时间标准）沿用普速铁路 7min 间隔时间标准，这对通过能力产生影响较大，也严重阻碍了运能提升。针对目前高速铁路理论研究滞后于运营实际的现象，研究高速列车运行间隔时间，分析计算并确立高速铁路运行图的相关技术标准，并进一步缩短列车运行间隔时间，对于线路通过能力的提高、列车运行线数量的增加，以及对于填补高速铁路研究理论的空白，为其扩能提供一定的理论基础和技术支持等具有重要的实际意义。

（2）杭州东站交叉进路的影响。杭州东站交叉进路影响主要体现在两个方面：一是由于杭州东至杭州南站间仍按现行利用杭长高速铁路两股正线组织行车，使得杭州东站宁杭甬场下行开车与沪杭长场上行接车产生交叉，影响杭州东至杭州南间的通过能力；二是由于杭州东站 5~6 道间（宁杭甬场上行侧）、21~22 道间（沪杭长场下行侧）各设一条固定吸污设施，宁杭甬场下行列车及沪杭长场上行列车吸污均会引起进路交叉，从而影响杭州东至杭州南间的通过能力。

　　杭长高速铁路开通后，根据铁四院在杭州东至杭州南站间按现行利用杭长高速铁路两股正线组织行车，7~22点（900min）平图能力为 140 对，再根据双线自闭线路能力利用系数 0.9 测算，该段使用能力为 126 对。根据客运部门客流测算，杭长高速铁路运营初期需安排动车组列车 55 对、杭深线需安排动车组列车 82 对（比杭长高速铁路开通前增加 4 对），杭州东至杭州南间共需安排动车组列车 137 对。比较可知，存在 11 对列车的能力缺口。上海铁路局运输处通过组织动车组列车运行试验，分析限制交叉作业时间如下：

　　（1）准备进路需时较长。主要是 L208/L308 道岔为沪杭长场与宁杭甬场双重控制所致。L208/L308 的指挥权在沪杭长场，操纵权在宁杭甬场，道岔从定位到反位，必须沪杭长场先同意动岔，宁杭甬场方能操纵道岔；开放信号也是沪杭长场先开放信号，宁杭甬场才能开放出站信号，如因进路准备妥当前信号已自触，则信号触发失败后必须延时才能再次触发信号。

　　（2）限速影响较大。因需侧向通过 12 号道岔限速 45km/h，宁杭甬场下行列车出发从起动至通过沪杭长场间运行距离大约 2.2km。

　　通过上述分析可得出合理结论：L208、206 道岔处交叉间隔时间为 3min 左右；宁杭甬场下行先发列车与沪杭长场上行后接列车在沪杭长场间隔时间 5.30min 左右；沪杭长场上行先接列车与宁杭甬场下行后发在沪杭长场间隔时间 3min 左右。铺画运行图时，受跨线列车框架限制，本线列车铺画难度增大。而且，受中间站和杭州东站交叉进路影响，铺画列车难度大，列车运行高峰时段和密度时铺画难度增大。

三、运营优化对策

　　列车开行方案是客运需求和高速铁路提供的供给能力相匹配的结果，可从满足客流需求及高速铁路运能所能提高的角度两个方面研究运营优化方案。

（一）列车开行方案优化

1. 沪杭高速铁路客流分析

　　沪杭高速铁路客流吸引区域既有乌镇、西塘等国家 AAAA 级风景名胜区，又有海宁皮革（年产值 300 亿）、许村家纺（年产值 200 亿）、平湖服装（年产值 150 亿）等特色产业，旅游流和商务流都非常饱满。通过同济大学交通运输工程学院的沪杭高速铁路客流调查分析可知：

　　（1）旅客出行的个人特征与出行特征。沪杭高速铁路客流主要是商务和公务客流，主要服务的是一些中等收入水平的人群，旅客出行目的排在前三位的依次是公务、旅游和探亲，大部分旅客为非当日返，并且旅客主要集中在 8：00—16：00 之间出行，候车时间主要集中在 15~30min。而且，随着收入的增加，旅客的时间价值也越来越高，候车时间小于 15min 的比例逐渐增加。

（2）客流的时空分布特征。日常客流的变化周期为一周，且一周全日客流呈现"前低后高"的变化规律。从整体上看，周末和周一的客流量较大，周二至周四的客流较小且较为平均。而节假日客流则根据假期的长短和特性呈现不同的变化规律。三天节假日的客流呈现先增长、再平缓、然后骤增、最后回落的变化规律，而七天节假日则呈现先增大、再回落、然后平缓、小幅上升、最后下降的变化规律，节假日客流均从节前一天开始增长，节后逐步回落至正常水平。

（3）客流的日常与节假日变化规律。沪杭高速铁路上、下行客流具有双向均匀分布特征，各车站客流呈现"W"形的分布特征，从全年的客流变化规律来看，下半年客流明显高于上半年，其中最大客流出现在 10 月，最小客流出现在 2 月，全线每月的客流量在 7~11 月比较集中，受节假日和暑运的影响，在 3、7、10 月份有较大幅度的上升，其他月份的客流相对较为均衡，客流呈现下半年高于上半年且随着节假日产生波动的变化规律。

2. 按客流变化规律调整列车开行方案

（1）按月动态安排方案。根据沪杭高速铁路在一年中各个月出现的客流波动情况，应针对每个月份客流的特点编制对应的列车运行图。对于客流明显上升的时间段，诸如暑运、法定节假日等应提前做好应对大客流的准备，及时增开列车数量或增加列车编组；而对于客流较小的月份，则应根据实际调整列车的编组，及时分析客流较小的原因并加强对动车组的维护以及高速铁路服务人员的培训。

（2）日常客流的组织改进方案。在对沪杭高速铁路全线一周的全日客流进行统计后发现，工作日中周一的客流量要明显高于周二至周四，但在实际的开行方案中周一并未与其他工作日进行区分，而是统一划分在日常开行方案中，尚未考虑工作日每天客流量也存在不同的特点。因此，可以针对沪杭高速铁路工作日中周一客流较大的特点，对日常开行方案进行进一步细分，即周二至周四仍采用原开行方案，而对于周一采取早高峰时缩短列车发车间隔以及适当增加列车编组的做法。

（3）节假日客流组织改进方案。根据上海铁路局统计的客流数据可知，节假日期间沪杭高速铁路的客流量较平时有明显的激增，且客流一般从节前一天开始增长，并于节后逐渐回落至平常。以三天节假日为例，铁路部门针对节假日客流的变化特点，一般从节前一天就采取增开列车以加大运能的形式，而且从列车增开的数量上来看，节前这一天增开的列车数量最多，而节日放假的三天中增开的列车对数则明显下降，并较为平均。但是根据沪杭高速铁路在三天节假日期间的实际客流变化情况来看，客流经历了增长、平缓、再增长这样三个变化阶段，且客流最高点普遍出现在节日的最后一天，这就说明实际的运输组织并未与客流需求充分吻合。因此，应根据最后一天返程客流较大的需求，及时调整增开的列车数量，即在原先增开对数的基础上对节假日最后一天进一步增开晚高峰时段的列车，而考虑到返程高峰大部分集中在 16：00—18：00 这一时段，因此加开列车的开行时段也应集中在这一时段。

（4）按旅客出行时段需求调整开行方案。在沪杭高速铁路旅客的问卷调查中，旅客对于 8：00—10：00 以及 14：00—16：00 这两个时段有着较高的出行意愿，然而在实际的列车开行方案中，反而是 10：00—12：00 以及 18：00 以后的列车开行数量较多，需求与实际两者在时段上不太匹配。为了更好地满足旅客的出行时段意愿，可将部分 10：00—12：00 时段开行的列车提前至 8：00—10：00 时段开行，相应的 8：00—10：00 时段的列车发车间隔调整至平均 7min 一列，其次对 18：00 以后的列车开行数量可以进行适当减少。

（二）列车运行图优化

1. 合理确定列车运行标尺

采集一段时间内沪杭高速铁路开行列车的数据并运用大数据分析进行筛选，采用高速铁路列车间隔时间查定办法进行理论推导、采取开行特定试验列车进行验证查定的方式确定列车发到间隔时间。但要先分析高速铁路列车运行控制系统、列车间隔时间种类及其计算，重点研究同向列车同股道发到间隔时间的组成及其计算方法，分析到达停站列车的制动起始点，在不利条件下（动车组列车类型、车站最长进路等），计算并确定列车发到间隔时间；可通过对既有开行列车实际数据分析、理论计算及开行试验列车验证等手段，提出沪杭高速铁路同股道接车时间标准，填补高速铁路技术标准的空白。此前该方面只有普铁列车技术标准，高速铁路列车只是沿用普速列车的标准。

2. 充分利用高速铁路列车有效开行时段

目前动车组列车开行时间段为 7：00—22：00，杭州东（沪杭长场）—杭州南（杭长场）间衔接沪昆高速铁路杭长段有衢州（江山）、南昌西、长沙南、怀化南、南宁东、广州南方向，杭深线有宁波、温州南（苍南）、福州南、厦门、深圳北方向，如此多的方向要在有效开行时段内通过能力"瓶颈"地段，合理的安排列车开行方案至关重要。

（1）根据运输距离大致确定列车的旅行时间。比如杭州东—长沙南站运输距离是 924km，"G"字头列车中途停靠约 9 站，每停一站时分为：2（停站办客时分）+2

（列车起动附加时分）+3（列车停车附加时分）=7min，则旅时约为 924/300+（9*7+2+3）/60=4.21h。

（2）根据大致的旅行时间确定运行图铺画原则。按照先长后短、先跨局后管内的原则，以广州南（深圳北）、福州南（厦门）、南宁东、怀化南等方向的列车作为运行图的主骨架，其他方向的列车作为有效补充，尽可能地做到均衡铺画列车运行线。

（3）灵活调整列车交路，确保列车均衡开行。如上海虹桥—广州南间4对"G"字头列车，上海虹桥站上午开往广州南开行的列车沿途停靠杭州东、南昌西、长沙南三个省会城市，到广州南站后立折当日回上海虹桥站；上海虹桥下午开往广州南的列车沿途停靠15站左右，到达广州南站后需要过夜，第二天上午将开回上海虹桥站。此方案确保了上海虹桥至广州南站方向上、下午均有列车开行，并且列车中有快有慢，弹性较大，为运行图调整留下了空间。

（4）优化管内列车开行，有效填补空白时段。杭州东至杭州南站间上行区间因运行距离的缘故，外局列车到达该区段最早要10：00以后，可在7：00—10：00这个有效开车时段内安排管内列车填补这个时段。例如，可通过临时安排衢州站过夜存放2组车底，早上空送江山站始发2列；杭州东站早上6点半左右开行2列至衢州、江山站立折回上海虹桥（合肥南）站，抢在10：00前通过能力"瓶颈"地段；另组织温州南（宁波）站早上始发的8列车抢在10：00前通过能力"瓶颈"地段。综上，共计组织管内列车12列在7：00—10：00间通过能力该地段，既能填补空白时段，又能有效地缓解10：00后运能紧张的局面。

3.合理安排列车交会方式

因宁杭高速铁路下行列车在杭州东（沪杭长场）横切上、下行正线，对通过能力影响较大，要确保方案列车顺利入图，就要最大限度地安排列车平行进路，以提高列车通过能力。在运行图编制过程中，共安排上行列车平行进路21列，有效地缓解了杭州东（沪杭长场）站通过能力紧张局面，确保动车组列车开行方案数的兑现。

4.合理安排车站到发线股道

杭州东站（沪杭长场）共有12条办客股道（包括2股正线），以正线为界，上下行各5股办客股道。受站场条件限制，上行列车在杭州东站（沪杭长场）进不了下行一侧的股道，因此在杭州东（沪杭长场）终到折返的列车只能进上行股道，造成折返列车下行开车时与上行列车接车的进路交叉。在运行图编制时，对股道运用困难时段，在满足技术条件情况下尽量缩短列车在站停车时分；同时，尽量安排有平行进路的股道，尤其是折返列车的股道。为有效地提高杭州东站的接发车能力，编图时共安排8列车在杭州东站（沪杭长场）折返、7 列的股道与上行列车有平行进路。

第五节　高速铁路动卧夕发朝至列车运营组织分析

目前，我国已经拥有全世界最大规模、最高运营速度的高速铁路网，居世界高速铁路里程榜首。"夕发朝至"列车是我国铁路中长距离运输一种典型的客运产品，其品牌和特色的固有优势较为明显。近年来，我国高速铁路发展迅猛，众多线路陆续开通运营，部分区域已连线成网实现了网络化运营。为更好地满足旅客出行需求，同时充分发挥高速铁路动车组安全、快捷、舒适和夕发朝至列车的品牌优势，自 2015 年 1 月 1 日起，铁路部门在北京—广州、深圳间，上海—广州、深圳间增开了 8 对按"夕发朝至"模式运行的高速铁路动卧列车。动卧列车此前虽然已在多条铁路既有线上开行，但是在高速铁路线路上开行则尚属首次。开行高速铁路动卧列车是铁路部门着眼于市场需求创新高速铁路运营方式的具体实践，也是对客运营销组织的有益探索。高速铁路动卧列车在世界高速铁路史上也是首创。考虑到高速铁路动卧列车运营组织的研究还处于探索阶段，可供参考的经验较少，本节根据高速铁路动卧夕发朝至客流需求状况，对列车的开行条件进行了较为系统的分析，相应提出了运营组织措施，并结合 2015 年上半年高速铁路动卧夕发朝至列车的实际开行情况进行了例证分析，目的是为高速铁路动卧列车运营组织优化提供理论和技术支撑。

一、高速铁路动卧列车旅客需求分析

客流需求是铁路部门提供客运产品的前提，客流需求与铁路部门提供的客运产品、票价、与其他交通运输方式竞争等因素都有关系。高速铁路动卧列车旅客需求情况需要与航空客流进行比较分析。

（一）中长距离高速铁路客流周期性

高速铁路已经成为许多人出行的一种选择。日益完善的高速铁路网络、公交化的开行模式、科学高效的调度能力、较强的天气适应性等优点，又因高速铁路出行较少受天气影响，夏季突变的天气，沿海地区多台风暴雨状况，吸引更多的旅客选择高速铁路。我国高速铁路客流很大部分是由既有铁路、航空等客流转移而来，高速铁路网络化运营后，旅客出行的平均运距增长，高速铁路中长距离运输的优势明显，高速铁路客流呈现明显的规律性。主要表现在：周一至周四为工作日，客流基本稳定，波动不大；但周五、周六、日客流明显增大。其中，周六客流量比周五、周日有所回落。我国高速铁路客流的周期性规律决定了开行周期性夜间列车的必要性，"按流开车"是组织列车开行的首要原则。在周五至周日期间，在有较大客流量交换的直辖市和省会等大城市之间（如在京广 2294km、京哈 1612km、沪广 1647km 之间），存在大量公务和商务、旅游等中高端客流。高速铁路动卧列车吸引的就是这部分客流，可通过高速铁路动卧列车产品的开发进一步拓展长距离高端客流市场。通过对珠江三角洲地区高端人群的出行调查可知，超过 50% 的高端人群对铁路豪华列车表现出较大的兴趣。百万富翁中对铁路豪华旅游不感兴趣的人占 9.72%，愿意选择包厢的比例为 75.89%。可知，既有线普速列车夕发朝至旅客和航空客流会有一部分高端客流转移到高速铁路动卧列车。

（二）运输距离、时间比较分析

（1）高速铁路旅客行程距离分析。目前，我国高速铁路客流大幅增长，全国铁路动车组列车的旅客发送量已占铁路旅客总发送量的 40% 左右。在 900~1400km 内，高速铁路客流占 19.6%。可见，高速铁路在长距离运输竞争力明显下降；而在 1400km 以上，高速铁路客流比例仅占 1.9%，说明航空客流占有绝对优势。例如，北京、上海与广州、深圳间单项航空客流量为 5000~8000 人，而每一列动卧列车仅能承载 500 人。而且，航空直线飞行距离明显小于铁路运行距离，如上海—广州动卧列车运行距离为 1725km，而航空的直线距离仅为 1308km。

（2）航空客流增长情况简析。从航空旅客的旅行距离分布看，旅客旅行距离 1000km 以上的占 62.6%。可以得出以下结论：2011 年前，航空客流呈高速增长态势，而 2011 年后增长速度放缓。2011 年后正是我国高速铁路的快速发展时期，说明高速铁路具有相当的竞争力。中国民用航空局曾有过专项调查，显示 500km 以内高速铁路对民航的冲击达到 50% 以上；500~800km 高速铁路对民航的冲击达到 30% 以上；800~1000km 高速铁路对民航的冲击达到 20% 以上；1000~1500km 约 10%；1500km 以上基本没有影响，在这个里程范围内，航空能充分发挥速度优势以及隔水、隔海的通行优势。

（3）旅客乘坐高速铁路在途时间分析。高速铁路车站一般设在城市中心或距离市中心不远的城市边缘，到达高速铁路车站相对比较方便，考虑到高速铁路动车组列车的正点率高以及公交化运营的实际情况，旅客通常可提前 30min 到车站候车；而机场通常设在城市郊区，一般要提前 1.5~2 小时到机场，再加上途中乘坐其他交通方式时间都要提前考虑，相应旅客到机场在途时间延长。

（三）票价的灵活性

目前，航空经济舱的票价率约为 0.95 元 /km，时速 300、250km 的高速铁路二等座票价率为 0.48、0.33 元 /km，而推出的高速铁路动卧的票价率为 0.60~0.67 元 /km。可见，航空票价率要比动卧列车高。但航空公司的票价灵活且折扣幅度大，高速铁路票价相对固定且折扣较小，票价并不占优势。例如，上海—广州间高速铁路动卧最低折扣票价上下铺分别为 800、900 元，而航空最低折扣票价低至 320 元。但航空好时段的机票，这个时段会比其他差时段的贵很多，而且要提前购买，时间越早购买票价越低，但便宜的机票或许是深夜、凌晨，被称为"红眼飞机"。同时，高速铁路动卧票价可在国家运价政策范围内，根据市场需求动态调整实行 3 种票价：周一至周四、周六实行平日票价，周五、周日实行周末票价，节假日和客运高峰期实行节假日票价。对提前购票的旅客，可按提前 30 天至 11 天、10 天至 4 天、3 天之内 3 个时段，分别给予不同的票价优惠。并且，高速铁路动卧有四人包房、二人包房，为旅客免费提供晚餐，旅客出行不会占用白天时间且提供卧铺席位节省住宿费用。这样，高速铁路动卧的优势将更加明显。考虑到机票费 + 机场建设费 + 车费 + 住宿等综合费用，再加上飞机夜间晚点恶性循环的影响很大等因素，航空部分客流转移到高速铁路动卧列车是存在的。

综上所述，参照我国已经开通运营的高速铁路经验，基于运输市场的现实条件，相对于飞机票价普遍偏高、等待时间较长、晚点率高等缺点，鉴于高速铁路的安全性、稳定性、正点率高、速度快、全天候等特点，可以得出论断，高速铁路动卧列车能够吸引一大批中高端旅客。

二、高速铁路动卧列车产品分析

（一）发展趋势

夕发朝至列车一般指始发时刻在 17：00—23：00；然后第二天早上 6：00—9：00点之前抵达终点站。可以推算，夕发朝至列车的旅行时间范围为 7~16h。世界高速铁路虽然发展虽然很快，但是诸如日本、欧洲等国家，其国土面积小，还未能形成较为系统的高速铁路网，相对来说高速铁路线的距离较短，列车运行的时间也相对较短，白天行车基本能满足运输需求，没有组织夜间高速列车运行的必要，组织高速铁路夕发朝至列车也就没有可能性。我国地域辽阔、人口数量也十分庞大，客流相对分散，旅客夜间出行需求本来就有，高速铁路成网后这方面的需求就更成为可能。目前我国高速铁路营业里程居世界首位，而且遥遥领先。我国的实际国情与路情决定了我国高速铁路中长距离运输发展的必然趋势。比如，上海、北京、广州和武汉等 4 个主要城市，它们彼此之间都相距 1000～2000km，我国本身铁路既有线能力非常紧张，新建的高速铁路承担的运输任务也相当重，客流已呈现爆发式增长的势头，几条高速铁路线开通不到 5 年便面临扩能的需求。随着我国"四纵四横"的客运专线逐步建成，所形成的客运专线网络将超过 3 万 km，覆盖绝大部分大中城市。我国高速铁路势必会增加夕发朝至列车的开行数量以及扩大其开行范围。

（二）优势分析

组织长距离高速列车运行，从某种程度上讲，无疑将缩短各大主要城市之间的时空距离，提高旅行时间上的通达性，满足了旅客出行的实际需要。铁路推出高速铁路动卧列车新产品的客流定位就是中高端客流。高速铁路动卧列车是满足旅客出行个性化产品，它首先是包含了住宿钱和交通费，而高速铁路动卧运行速度高，夜行 2000 多 km，能有效提升中长距离旅行舒适度；夕发朝至还能节省旅客的白天时间，更加适合出差、旅游、探亲的旅客。其中，商务出差的旅客有更多时间和精力工作，度假休闲的游客有更宽裕的时空愉悦身心，探亲访友的人们能享受更充分的温馨时光。高速铁路动卧列车让周末、节假日旅行更加方便快捷。在高速铁路完全网络化运营之后，列车始发和终到之间的距离将拉长更多，长距离以及中长距离的客流比例将不断增加。

三、高速铁路动卧列车开行条件

高速铁路动卧列车夕发朝至开行需要一定的技术条件保障，包括综合天窗设置、调度指挥、动车组运用及检修、乘务工作组织等方面，这些技术条件对其运营组织及管理协调等都提出了更高的要求。

（一）综合"天窗"设置

我国高速铁路天窗设置时间基本为 4h。周期性动卧列车组织方式是根据一周内客流的变化规律，就不可避免地会在原高速铁路 0：00—6：00 天窗时间段产生夜间行车的运输需求，而这个时间段通常采用垂直天窗方式，即双线双向同时停电检修和维护，主要对线路、接触网、通信信号设备进行日常检修和定期检修。一般来说，高速铁路维修天窗时间受供电专业限制。在保证人员和机具配备的条件下，工务部门每周检修需要 4 次，通信专业每周检修需要 2 次，电务信号专业每周检修需要 4 次，但供电专业每周检修则需要 5 次。供电专业每周 5 次检修时间可进行优化调整，采取用"大天窗"和"小天窗"结合并用的方式进行，可进一步将检修时间缩短到每周 4 次。这样，可在确保检修工作的内容完成的基础上，以一周为周期，分日期设置正常的天窗和较短天窗。开行周期性夜间列车，相应的设置周期天窗，在一个星期内，设置一定天数的时长较短的维修天窗，在一定程度上，可以有效缓解天窗和行车相互影响的矛盾关系，通常有 2 种天窗设置方式：

（1）"5+2"周期天窗：一周内，5 天（包括周一至周四以及周六）开设 4~5h 正常的维修天窗，不开行夜间高速动卧列车；2 天（包括周五和周日）开行夜间高速动卧列车，但是只开设 2~3h 的巡检天窗。

（2）"4+3"周期天窗：一周内，从周二到周四 3 天不开行夜间列车，天窗时长 4 ~ 5h，周五到周日及周一 4 天开行动卧列车，天窗设时间较短的巡检天窗 2~3h。

（二）调度指挥方面

高速铁路调度指挥是高速铁路运营组织的神经中枢，负责组织高速铁路日常的生产活动，确保高速铁路运营安全和正常的列车运行秩序。高速铁路调度指挥通过 CTC 系统来实现，动卧列车开行的调度指挥关键关键环节如下：

（1）基本原则。高速铁路组织列车在夜间开行，列车与天窗的开始时间间隔变短，变化就是风险，要确保动卧列车的运行安全，要在 CTC 设备上提前做好周期天窗的列车开行方案以及长短天窗的设置计划。

（2）列车到达时段。动卧列车到达终点站的时间集中在 6：00—9：00 这一时段，此时办理终到客运站和动车段会与车站早高峰发车作业以及动车出入库作业相互交叉重叠，车站到发线及咽喉的能力均明显降低，需要调度员和车站值班员共同协调解决。

（3）遇有列车晚点情况的处置。当列车晚点时，以至于天窗开始前列车都没有运行至原定车站，需要在妥善判断列车晚点程度的基础上，重新确定列车运行或者调整天窗的开始时间。若列车晚点的程度较轻，则可以采用调整天窗的开始时间，让它稍微延后一点；若晚点程度较为严重，就要取消天窗时间。天窗若取消，还要取得维修部门的同意，维修部门就要调整下一步的维修计划。这些方面都要详细编制相应的应急预案来实现。

（4）做好应急处置工作。要不断摸索相关规律，正确处置动卧列车开行期间的各种故障情况，可以采取演练和情景模拟的方式，训练行车人员积极做好应急处置工作，确保动卧列车的安全运行。

（三）动车组运用与检修

涉及动卧列车动车组运用与检修的主要是一级修。动车组一般是每 48h 或 4400km 进行一次一级检修。一级检修通常在动车运用所内进行。因夜间与日间运行的列车各自的检修工作在时间上相互错开，夜间列车在白天检修、日间列车在晚上检修，因此动车运用所的检修不会出现紧张的状况，基本能满足检修的需求。若高速铁路动卧列车夜间列车在始发终到站所属的动车运用所，由于技术条件等的限制不能够对该车型进行检修，那么该动车运用所需增加特定车型，提高检修技术的水平，或者可以采用套跑的形式运行到邻近的动车运用所进行检修。若两个大城市之间运输距离在 2000km 范围的车底分别采用双日交路，车底也可以返回配属地进行检修；而距离超过 2000km 的车底则要采用单日交路并在非配属地进行检修，这种情况下非配属地必须完善其检修机制。同时，为充分发挥动卧车底的利用效率，还可以采用卧代座套跑短途日行列车的方式。

（四）乘务工作组织

按照规定，乘务人员一次连续工作的最长时间为 8h，而高速铁路动卧列车全程的运行时间基本都超过 8h，超过乘务人员一次连续工作的标准时间，单班制将导致乘务人员的严重疲劳。但是若采用双班制，工作时间又达不到双班标准。为解决这一矛盾，我国高速铁路动卧列车实行"单司机制"，即列车上的司机工作时间较长时可与沿线大站上配备的备用司机换班，并由备用司机完成列车余下运输距离的驾驶任务。高速铁路线上列车乘务组一般包括一位车长和三位乘务员，考虑到列车在夜间运行时，旅客大多数进入休息状态，乘务员服务频次较低，可按考虑基本乘务配置，同时与日间乘务统一排班，运行距离较长时可各增加一位车长和乘务员。

四、实例分析

（一）产品营销

我国高速铁路动卧列车基本是晚上 20：00 左右出发，次日早晨 7：00—8：00 到达，这是为中长距离旅客出行提供了一种新的选择。根据市场调研分析，制订列车开行方案，并进行了详细论证；实施了灵活有效的价格策略，设计了平日、周末和高峰日三档票价，按照旅客购票日期（预售期）的不同，分阶段实施不同的折扣率，并根据市场变化及时调整价格；推行适流开车的运营模式，随着市场认可增加开行对数，在周五和小长假客流高峰日，多次增开列车，并对远距离客流集中的方向组织大密度开行连发列车；同时健全营销机制，积极分析市场需求，实时出台有针对性的措施，并通过多种方式和媒介宣传高速铁路动卧列车。此外，围绕市场需求，还大胆尝试售票组织创新，在淡季推出女宾包房、家庭包房、个人整包销售等措施，对购买往返车票的实行返程车票八折优惠。

（二）运营效果

根据 2015 年客流分析数据显示，客流稳步增加，运营效果良好。1月份淡季客高速铁路动卧列车座利用率为 43%，2 月春运期间客座利用率为 77%。4 月份，高速铁路动卧列车共发送旅客 20.6 万人，平均每列高速铁路动卧列车运送旅客由 1 月份的 182 人增加至 4 月份的 476 人；列均客座率达到 82%，比 4 月份全路动车组平均客座率高 3.3 个百分点。5 月份以来，高速铁路动卧列车发送旅客 20.2 万人。同时，根据市场需求，高速铁路动卧列车开行对数不断增加，由最初的 4 对（北京西至广州南、深圳北，上海虹桥至广州南、深圳北各 1 对），逐步增开至目前的 10 对（北京西至深圳北 4 对，北京西至广州南 2 对，上海虹桥至深圳北、广州南各 2 对）。同时，铁路充分运用动卧动车组白天空闲能力，套跑增开到厦门北、南宁东、桂林北、泉州等方向短途列车，提高了动卧列车的开行效益。

（三）"天窗"优化

自 2015 年 3 月 20 日起，涉及高速铁路动卧列车开设的天窗方式由"6+1"开行模式改为"4+3"开行模式，即每周安排 4 天开行夕发朝至动卧列车，安排 4 天小"天窗"和 3 天大"天窗"进行设备检修维护。在确保绝对安全的前提下，通过大小"天窗"综合运用，极大地释放了高速铁路通过能力。例如，以 2015 年 4 月 10 日新增的沪深高速铁路动卧列车为例，进一步分析周期性夜间列车的组织运行以及天窗设置的具体情况。沪深高速铁路动卧列车主要经由沪杭高速铁路、杭甬高速铁路、杭深线运行，逢周一、周五、周六和周日四天开行，其他三天停运，设置"4+3"周期性天窗。

开设"4+3"周期性天窗，周二到周四需要对线路进行检修，故开设了 4 ~ 5h 的矩形天窗；周五到周日及周一相应开行动卧列车，天窗内只需进行简单的巡检工作，故开设 3h 左右的天窗，仅设置 3h 巡检天窗，而且由于维修作业完成后，不用开行确认车，大大缩短了天窗干扰的时段，巡检天窗影响时段大幅缩短，分段垂直的天窗形式，使得维修作业在时空上分隔开来，其间隔时间可以方便高速列车运行，节约了旅客的旅行时间。可以看出，由于杭深线上夜间能力较为宽裕，天窗避开了列车的运行时段，所以沪深高速铁路动卧列车夜间在杭深线上几乎不会占用更多的线路资源，而与维修天窗相冲突。据初步统计，因列车晚点影响，晚点 30min 内，可相应延迟天窗时间进行，列车不需要等线。列车晚点 30min 以上时，则采取取消天窗的方式，这种情况发生次数较少。

高速铁路固定设备主要包括线路桥隧、通信信号、牵引供电等，分别由铁路工务、电务和供电部门负责维护管理。传统模式下，高速铁路夜间停止行车，安排 4h 左右的天窗进行设备维护。高速铁路夜间运营后，为消除原有天窗时间被增开动车组占用所带来的设备质量、作业安全等风险，上海铁路局统筹安排，从天窗时间、作业模式、作业内容等环节全面进行优化，确保了高速铁路夜间运营模式下的作业安全可控和设备质量稳定。

1. 优化天窗时间

传统模式下高速铁路天窗"做五休二",即周一至周五安排天窗,周六、周日休息,方便设备检修和人员调整。高速铁路夜间运营后,进行了相应调整。一是针对客流高峰期增开夜间动车组的需要,将原来的休息日调整为作业日,保证天窗总的时间不减少,增强设备的安全质量储备,确保夜间增开列车后,设备在连续运转的状态下质量可靠。二是针对开行动卧列车的需要,先后探索了每日开行、间隔开行和周末开行三种模式,通过精密的市场调研和设备运行状态监控,目前采用周末开行模式,即每周五至次周周一开行,相应对天窗进行优化。在非开行日(每周二至周四),将天窗时间增加为不少于 5h;在开行日,根据需要安排天窗,通过分段安排使天窗时间不少于 3h,从而保证了总的天窗作业时间。

2. 优化作业模式

进一步全面推广实施综合维修天窗模式,统一组织对工务、电务、供电专业的天窗维修项目进行梳理,按绿灯项目(互不影响、可以共用)、黄灯项目(一定程度上影响、有条件共用)、红灯项目(必须单独组织、不可以共用)进行分类,各专业对绿灯和黄灯项目(占维修作业量的 90% 以上)共用一个天窗,进行综合维修,大大提高了天窗的利用效率,满足了高速铁路夜间运营后的设备维修需要。

3. 优化作业内容

针对夜间运营后对高速铁路设备质量提出的更高要求,以检查为主、修理为辅,通过严密精细的检查监控实时掌握设备状态,对设备状态发生变化需要检修建立严格的审核制度,一般由站段对检修作业项目进行审核,以车间为单位进行组织,对需要调整轨道线路的作业,一律由铁路局审批。针对动卧列车开行日与非开行日天窗时间有所差异的情况,相应安排作业内容,开行日主要安排铁路车站范围内或距离车站较近处所、内容较为简单、所需时间较短的作业项目,严禁超范围、超计划作业;对线路区间范围内和较为复杂、费时较长的作业,一律安排在非开行日进行,从作业内容安排这个源头上确保动卧列车开行的绝对安全。

第三章　普速铁路运输组织

第一节　不均衡运输条件下铁路运输组织的优化

均衡运输是铁路运输组织的总体要求，组织均衡运输可以充分利用铁路运输能力，保证良好的运输工作秩序，同时对有效利用运输资源缓解瓶颈制约，提高经济效益具有重要意义。目前，我国铁路运输的市场化经营处在一个运输能力与运输需求局部结构性失衡、运输生产与市场营销错综复杂的阶段，运输需求数量和时空的波动性等造成的不均衡运输不断加剧。因此，优化运输组织水平，通过科学合理的运输组织方法，将运输工作秩序转化为相对稳定的动态均衡，消除不均衡运输的影响，确保日常运输工作的均衡性和节奏性，是铁路运输组织工作面临的新课题和新考验。

一、不均衡运输产生的原因

铁路的市场化经营反映在列车运行图上就是近年来旅客列车运行时刻、点线以及数量安排和货车车流结构发生了深刻变化：旅客列车数量逐年增加，运输产品种类和内容（如夕发朝至、一站特快直达等旅客列车）越来越丰富，到发时刻要求也越来越高；相继推出的货运新产品（如五定班列、行邮和行包专列等）的旅客列车化开行数量和品类越来越多。市场化经营的结果是导致 24h 内列车运行线交替出现高峰、低谷和平缓的不同需求时段，铁路干线特别是繁忙干线上客货运输竞争运行线的矛盾更加突出。为提高运输质量，各大干线大都在黄金时段大量开行快速旅客列车，合理时间区域优化开行行包（邮）专列、五定班列、快运货物列车等运输产品的列车运行线等方式，致使其他货物列车不可能均衡运行。在实际运输生产过程中，生产力布局的不平衡包括钢铁、电力、用煤等物资季节性紧缺的客观因素也会影响到局部结构性的不均衡运输，此外，运输设施设备施工、设备故障、行车事故、自然环境以及行车人员组织等偶然因素也会造成阶段性的不均衡运输。这些因素与本来就不均衡的列车运行线相互交织，使得不均衡运输程度进一步加剧。

二、不均衡运输的主要影响

不均衡运输主要表现在区间通过能力利用程度不均、编组站阶段性能力紧、货运站待卸货物积压等方面，体现在运输指标上，如货物列车旅行速度、编组站的"中时"、货运站的"停时"等指标出现不同程度的延长，这些因素交织在一起增加了铁路局"周时"指标完成计划指标值的困难程度。

（一）区间通过能力利用程度不均

从列车运行图的整体上看，列车密集时段各区间能力利用紧张，低谷时段某些线路能力虚糜。从运行图空隙时间看，各区间除了因固定设备的检修或施工形成不能用于运输的固定空隙时间以外，由于速度差异程度的扩大，大城市邻近区段间的旅客列车早晚密集到发以及五定班列等运行线的铺画导致其他列车会让产生空隙时间，区间通过能力在铺图时就得不到充分利用。在列车密集时段，若某一列车运行时刻偏离区间运行时分，续行的列车群就会受到不同程度影响，列车运行调整难度相应加大。同时，由于运输设备使用频率过快、负荷程度过重容易出现信号道岔等设备故障，可能形成局部或全局性堵塞。另外，日常运输生产过程中，由于移动设备所形成的货流多样性，货流的时空活动特征带有一定的随机性、波动性和不均衡性，也会造成区间通过能力的利用不均和区间通过能力的损失。

（二）编组站阶段性能力紧张

不均衡运输反映在编组站，表现为：货物列车到达与出发在某一方向不同时段上的数量不均衡。到达场某一时段货物列车呈现阶段性密集到达现象，超过列检和驼峰解体能力，等线、待检、待解等情况频繁出现，而且随着衔接方向的增加情况进一步严重，某一时段货车分散到达，造成到达场到发线和驼峰闲置，影响车流接续关系紧张。例如，沪宁线上的路网性编组站南翔站日夜货车运行严重失衡，日间工作量仅占夜间的1/3，沪宁线货车到达集中在22：00—1：00和2：00—5：00阶段，共到达26列，占全天的59%，最紧张的1h内竟到达7列。到达场货车密集到达和分散到达，均会造成调车场分类线使用紧张程度不均，设备能力得不到充分发挥。出发场货物列车出发密集时，造成阶段性列检作业能力不足。如果某一方向机车供应不足，将影响货物列车的开行，待发时间延长，引起车流积压；编组线和分类线不能及时腾空，造成列车集结满轴后没有线路编组，严重时导致驼峰中断解体作业；等线、待解、集结时间增多，最终造成编组站发生阶段性堵塞。

（三）货运站待卸货物积压

不均衡运输反映在货运站，表现如下：在某一段时间内物流需求的波动，某种或多种品类的货物同时到达，某些主要卸车站或工矿企业站增多或集中到达，超过车站的卸车设备能力和劳力组织等，造成待卸车辆严重积压，有时甚至在邻站保留。不断增加的卸车量和集中到达数量致使车站卸车效率降低，对车辆周转造成一定影响，直接影响装车和排空任务的完成。上海铁路局所装货物尤其是所装煤炭去向主要是电厂、钢厂，卸车点相对集中，全局共有 20 个主要卸车点都出现过不同程度的待卸货物积压现象。如随着马鞍山钢铁公司生产的发展，马鞍山站到达原料需求增多，到达品类变化较大，而且分类越来越细，分类卸车和堆放的要求也越来越高，但专用线的卸车能力和卸车场地、货位及仓储没有同步提升，使得部分品种卸车能力紧张、卸车货位不足、库存饱和，而部分卸车能力、卸车货位空闲。

三、运输组织的相关措施

运输生产实践表明，通过改变现有的运输组织方法，以适应车流为中心，调整机列与车流的衔接，从数量、时间和空间几个方面调节和分配货流，可实现运输能力负荷的转移和转化。

（一）优化列车运行图资源配置

列车运行图是铁路运输需求和资源配置的综合体现，完整的编图过程应当包括编图前、编图中和编图后三个过程。编图前要有目的地设计各区段牵引定数统一的可行性和适应性，并规划通过组织线路施工和牵引试验等手段整体提高区段牵引定数的方案，在编图时实现。2005 年 9 月上海铁路局在阜阳北—淮南西—合肥东—宪湖东—乔司的二通道牵引定数已经统一到 4000t，为新图编组长距离直达列车奠定了基础。同时还要在充分调研的基础上，围绕流线衔接、各区段的车流接续以及干线和支线车流的配合等方面掌握车流规律。编图时列车运行线要尽量均衡，保证充分利用有限的通过能力。采取能力富余区段的不均衡保证"瓶颈"区段的均衡运输，这种均衡应当是运输工作秩序相对稳定的运输动态均衡。以车流组织为中心，使运行图真正成为车流图。尤其在编组站阶段性货车集中到达时，要根据各方向到达车流的特点使直通车流和到达解体列车交替到达编组站，缓解编组站阶段性能力紧张的情况。列车运行图的质量最终要通过运输生产过程的实践检验，因此在运行图实施过程中，应当对发现运行图尤其是区间运行密集和编组站到发密集及车流接续等方面存在的问题，不断地修订和完善。

（二）整体提高列车编组质量

编组计划要按照长途车流直达化、短途车流组织多样化的原则从整体上进行优化，枢纽地区照顾编组站，次要编组站和区段站照顾主要编组站，车流要集中在主要编组站改编。直达运输以追求重车或空车从发送地到目的地之间的运输全过程中，货车的装卸、调移、集结和途中中转停留时间以及相关作业的成本最小化为目标，是一种先进的铁路货物运输组织方式。为加强长途车流运送，尽量组织直达运输。直达列车是车流组织的核心。路网干线的车流组织具有全局性、主导性，因而要科学合理地调整路局编组的源头站，达到简化中间，提高运输效率的目的。如上海铁路局要抓好阜阳北、南翔和乔司站的直达列车编组质量，在设定这些站的中时指标时可以比目前的数值适当延长，鼓励多开直达列车，尽量减少空重混编列车的数量。在沪宁线客车密集运行时段内，由于货车没有开车线条，可鼓励南京东站和南翔站在优化直达列车的编制质量上下功夫。同时，还要克服编组站盲目追求办理辆数，甚至将成组车列重复分解现象的发生。

区段和枢纽内部车流具有局部性、从属性，应当服从全局性的需要，做好车流衔接和配合。一般说来，到达相邻编组站重新改编组织直达的车流在区段和枢纽内占的比例较大，而且流量一般不大且到发点分散，应根据具体条件尽量组织车列成组运输，采取多种形式的组织方式，按照小运转配合大运转列车服务的原则，即小运转列车数量、始发时刻和运行径路在确保大运转正点正常开行的条件下组织开行，保证全局优化的需要。如浙赣线金华枢纽组织开行"一站直达"和几个中间站阶梯直达等小运转列车，效果很好。根据区段和枢纽内车流灵活性等特点在组织小运转列车开行时还要考虑均衡调小机车工作量、优化调小机车交路、提高调小机车运用效率，搞好车流组织和机列衔接，加速车辆周转。

（三）充分利用信息技术

要实现对运输过程的有效控制，必须充分利用信息资源和计算机网络手段。针对编组站阶段性列车密集到发的情况，需从调度日班计划编制质量入手，根据各方向车流的到达情况，以保证干线和枢纽畅通为重点，准确推算车流，最大化组织车流接续，抓好编组站直达列车编组质量的源头，做好车流的调整工作。要有预见性地调整编组站列车到发，对到达车站的列车流加以控制，通过货车密集到达时变更直通列车和改编列车的放行顺序，组织编组站各个方向的畅通。再从卸车数量上看，上海铁路局的卸车量远大于装车量，卸车的好坏直接影响着排空和装车。为了实现对主要卸车站、超卸能力到达站进行监控和预警功能，便于对卸车组织做出预案，可设计货车到达预报及分析系统，通过对 TMIS 确报信息、ATIS 信息、车辆动态信息及货票信息的梳理、提取、重组，实现从货车动态追踪数据库中实现提取信息，设计预测算法，再经过与确报信息等匹配，滚动生成到达在途车数据库，实现按部门、线路、到站、货物分类、货主等分类到达货车卸车预报，同时对到达卸车超过车站能力时预警，以满足卸车组织工作、车流调控的需要。

（四）整合调整机车运用方式

传统的机车分属各机务段所有，牵引区段固定，在各区段运量不均衡时，机车不能灵活调配，造成对车流的适应性较差。如果从铁路局的角度整合机车运用等问题，在解决不同运行区段机车信号、无线电台统一等问题的基础上，实行货运机车的客运化管理，即跨区段运行，再将某些运输组织方式、作业方式稍作调整就会将部分编组站到达场或出发场的堵塞问题转移，产生意想不到的效果，但这种措施宜作为临时补充性的措施暂时使用。如京九线上的路网性编组站阜阳北枢纽衔接商埠、青阜、淮阜、阜麻五个方向，站型为三级四场，承担丰台西、南仓、徐州北、江岸西、鹰潭、向塘西方向直达、直通及相关区段列车的编组任务，运能严重不足。在运量不断增长且技术改造措施尚未形成能力的情况下，车流等机车的现象较为普遍，机力不足的矛盾日益凸现。长期以来，出发场编发淮滨和淮南西—合肥两个方向的列车，但由于淮滨方向机车交路紧张，引起出发场淮滨方向车流积压，占用过多的到发线，从而影响到青龙山—淮南西—合肥东方向直通列车的局部堵塞。青龙山—阜阳北（149km）方向机车隶属于青龙山机务折返段，而阜阳北—淮南西—合肥东（220km）方向机车隶属合肥机务段，两个方向机车固定牵引区段。如果将两个机务段的机车整合使用，将青龙山—淮南西—合肥东方向的16对上下行直通列车转移到阜淮方向的袁寨站办理，不换机车只更换邻段机车乘务员，打破传统机车固定牵引区段的固有模式，实现机车跨段跨服务区域的长交路作业，即下行列车在阜阳北外包正线通过，袁寨站作业后继续牵引到达合肥东站后，再换机车乘务员牵引上行货车返回。同样，上行列车在袁寨站作业后通过阜阳北站到达青龙山站后牵引下行货车返回。通过这种方案就可以将阜阳北站出发场发车紧张的矛盾转移，努力实现青—淮—合方向机车和车列的有序衔接。因此，有效的运输管理要站在整个系统的高度，进行一体化管理，才能获得较优化的权衡方案。

第二节　不均衡运输条件下车流调整的优化

车流调整是铁路调度工作的一项重要内容，在日常运输组织工作中，车流调整通过合理的车流预测和推算，组织防止区间通过能力浪费和线路车站阶段性堵塞。随着铁路市场化经营的深入发展，车流不均衡现象日趋明显且复杂程度进一步加深，影响波及面越来越大，车流调整的难度也相应增大。为适应不均衡车流的运输环境，需要重新定位车流调整的思路和方法，并据此采取相关的调整措施，提高应变能力，快速消除不均衡影响，保持运输相对稳定的动态均衡，实现运输整体效能的最大化，这已成为铁路调度集中整合后调度系统人员亟待解决的问题。

一、车流不均衡现象表现形式

（一）分界口接入重车流波动性大

铁路局分界口重车流接入的波动性大，主要受车流不确定性因素影响，表现为某一方向连续大运量冲击或某一方向接入量呈现跳跃性。前者指连续数日的大运量接入远超过计划数值；后者指相邻两日接入车流落差大，基本处在高峰和低谷两个极端，而且两种情况错综复杂、相互交织。如上海铁路局京九线的王楼口接入、淮滨口交出的移交重车流中，主要是江岸方向和向塘方向的车流，若两个方向连续大运量或其中之一大运量，而另一方向呈现跳跃性，将造成阜阳北编组站解编能力紧张机车或机班供应不足，均衡作业被严重打乱。车流的跳跃性又给机车调整工作带来较大的困难；若同时遇王楼分界站接入浙赣线管内重车增多，还会造成阜阳北站出发场淮南方向和淮滨方向车流积压，阶段性堵塞现象由此发生。

（二）区间上下行货物列车集中时段不匹配

铁路市场化经营造成列车运行图形成日益明显的客货列车分块的效应。因旅客列车块的挤占影响，货物列车密集到发也集中在某一时段，而且上下行货物列车集中时段不匹配，造成有车流无机车和有机车无车流等现象，影响车流移动。例如，淮南线合肥东—芜湖东双线区段，下行方向货物列车集中到达芜湖东编组站的时段和上行货物列车集中时段不匹配，造成芜湖东站上行集中发车时段机车交路紧张，也后续影响到合肥东下行集中开行时段机车交路紧张。又如合肥东—叶集口的单线区段，为完成每日18时的下行交车任务，下行货物列车必须在有效过渡点14：20前由合肥东站发出，于是调度调整在单线区间14个站基本上是将上行接入的货物列车在中间站停车会让等待下行货物列车通过，上行货物列车不能按图定时刻终到，而是集中在15：00—18：00间到达，而此时段因叶集口下行货物列车机车接续紧张，无车流造成停运较多，18：00—23：00下行货物列车又集中开行。

（三）编组站阶段性能力紧张

由于受旅客列车集中到发的影响，造成编组站阶段性能力紧张，如阜阳北站常因各方向重车集中接入，到达场、调车场、出发场能力不协调，并相互影响产生阶段性堵塞。再如南京东站 18：30—20：30 向沪宁线下行货物列车运行线达 31 列，货物列车发车集中；而 0：30—7：30 间沪宁线下行共有 32 列旅客列车，货物列车运行线仅 9 条，若此时段内宁芜线下行车流增大，则车流的积压程度将更加严重。这些都会影响到南京东编组站各项技术作业过程的协调程度。在前一时段要组织好沪宁线下行货物列车的集中开行，后一时段在处理沪宁线下行车流积压时，还要统筹安排宁芜线的车流。

（四）管内重车到达时段性积压

（1）某些线路上某些点车流积压。如宁芜线马鞍山和古雄站同时或其中一处积压，将造成该线某些点积压。

（2）某些线路多站同时积压。如浙赣线金华以西管内重车到达的车流集中时，常常造成衢州、江山、上铺等多个车站同时出现积压，线路严重堵塞。长期以来，浙赣线运用车积压、货物列车集中到开、编组站阶段性堵塞、货运站货物积压、车流移动缓慢等多种现象常集中出现，已经成为运输组织的焦点和难点。

（五）中间站调车机车不足

随着部分中间站装卸量的增加，造成调车机车能力不足。一方面表现为部分中间站不在调车机车、小运转机车的作业范围内，配空车、货物线与专用线取送、待发车的挂运完全依靠本务机车；另一方面部分调车机车、小运转机车利用率不高，造成机力浪费。如芜湖车务段管内没有调车机车作业的中间站，其取送作业的挂运由本务机担当，因受运输能力不足的影响，本务机车作业难以保证，有时要几天才能挂运一次，影响中间站中停时压缩和运输效率的提高，而且该段的 8 台调车机车、小运转机车利用程度不均衡，有待优化和提高。

（六）空车调整难度加大

调度集中整合后，虽然空车调整的透明程度得到加强，但排空车和配空车更难以平衡，需要从空车调整的整体上协调解决空车走行径路、走行公里、各主要装车点配空车和分界口排空车的时机和数量等问题，使空车调整难度加大。如为确保分界口符离集、王楼分界站的排空车数量和淮北等矿区的配空车问题，需要从主要卸车地区金华地区和杭州枢纽，将大量空车长距离约 900km 输送，还需要符离集—南翔（一通道）、阜阳北—合肥东—宪湖东—乔司（二通道）两个平行径路相互配合，即一通道经符夹线（符离集—青龙山）、二通道经青阜线（阜阳北—青龙山）协调解决，若协调不好将产生空车运营上的浪费。即使排空车和配空车任务都完成，还需考查检查空车总走行公里最少的总体要求，有时一、二通道的联络线如重点卸车站马鞍山站空车径路的安排，将起到关键作用。

二、车流调整优化的思路和方法

（一）车流调整的重新定位

从车流堵塞情况分析堵塞，堵塞可分为局部性和全局性堵塞。若某一技术站、线路、通道发生堵塞可称为局部性堵塞；区域性路网上的关键节点如南京、合肥、阜阳等枢纽同时发生堵塞，就会发生全局性堵塞，将造成铁路局区域性路网运输处于瘫痪状态。实际上，两种堵塞情况是相对而言的，如通道堵塞，对全局性是局部堵塞，而对该通道便是全局堵塞。日常运输过程中，局部性堵塞不可避免，但决不能造成全局性堵塞。

车流调整一般是指预防性的调整措施。预防性调整是根据当前工作预测，在堵塞发生之前，考虑到堵塞情况和影响后果而采取的措施。通过预防性调整可以缓解通道、线路、技术站能力的紧张和阶段性堵塞局面，实现车流动态均衡输送，以保证空车送达、车流移动及其车种结构正确分布等。因车流波动的复杂性，车流调整手段也需要相应的加强，需要事后调整。事后调整旨在消除已经发生和暴露的局部性堵塞问题，有时虽然采取了预防性车流调整措施，仍会发生不同程度的堵塞，这也需要事后调整。如王楼分界站接入江岸方向车流虽然可以大量接入，但因该方向机车供应不足，持续增大的车流会造成阜阳北站堵塞，这就需要采取事后调整。再如浙赣线多站卸车的增加，造成局部性堵塞后，虽然增加调车机车投入，仍不能缓解，可采取铁路局管内停限装到该线的事后调整措施。如果效果不明显还需请示铁路总公司停限装外局到该线的管内重车卸车数量。因此，车流复杂性更需要预防性调整和事后调整的措施相结合。

（二）调整优化的思路和方法

车流的复杂性需要从系统或子系统的角度，按照高度集中、统一调整的原则，把握车流前瞻、连续、动态、关键性，针对不同通道、枢纽运输特点加以整体效能优化，并有条理、分层次、突出重点、有步骤地综合运用各种综合手段加以协调。在具体的实际运输组织过程中，要充分利用铁路局良好的局域性路网环境，根据铁路局分界口和局管内各关键节点车流实际运行动态，掌握好某一时段通道、各枢纽、线路的运用车情况，结合各通道的施工安排和阶段性车流、节点堵塞情况，及时提出采取平行、迂回径路等调整手段，平衡各通道、区段、节点的车流。

三、车流调整优化的措施

通过采取积极有效的车流调整措施，做好机、列、车流衔接，从数量、时间和空间几方面调节和分配车流，有目的地实现运输能力负荷的转移和转化，可以产生更大的整体运输效能。

（一）优化编组站的功能

编组站在配置路网系统中，按照不同编组站在路网中所处的位置，分别起到截流、组流、分流、调流功能。上海铁路局管内阜阳北站是铁路局的北大门，起着截流的重要作用。南京东和南翔两大编组站，随沪宁线大量开行旅客列车，相应调整编组计划后，两大路网性编组站的性质发生了变化。南京东站带有区域性编组站性质，除路网性车流分流作用外，需强化沪宁线区域性车流组织；南翔站已成为五定班列（现已有昆明东成都东等 6 个方向）P、N 车等精品列流集结基地，同时该站还受上海枢纽地区各站卸车能力影响，承担着调节枢纽车流的重要功能。芜湖东站地处淮南和淮北煤炭能源基地与发达的江浙沪地区的咽喉地带，有利于组织南北远程车流。而且芜湖东站与阜阳北、乔司以及南昌铁路局的鹰潭等编组站距离适中，有利于发展长大交路，解决机车长交路继乘问题；且当路网能力紧张时，芜湖东站将起到调节路网的平衡作用。而乔司编组站则因地处杭州经济发达地带，可成为空车源点组织的基地。

（二）弹性执行列车编组计划

编组计划是根据计划车流设计的，属于规划范畴。日常运输过程中，因实际车流的复杂性，需要弹性地执行编组计划。

（1）阜阳北站发生阶段性堵塞时，需要其他技术站的配合，如可以组织青龙山站编组下行芜湖东方向和淮南西编组上行徐州北方向整列直通，使得通过和需在阜阳北站改编的列车，交替到达阜阳北站，必要时还可根据车流去向，有目的地组织王楼分界站下行接入应在阜阳北站改编的列车，直通到达芜湖东编组站办理解编和调整。

（2）宁芜线堵塞时，可采取部分调整的方式，即芜湖东站组织整列无锡方向，仍按既有径路走宁宪线，但该方向零星车流集结成组后，可采取经迂回径路，经新长线（新沂—长兴）迂回输送。另外，因浙赣线金温方向的接轨站无联络线，按现行编组计划金温方向车流安排在金华东区段站组织。为疏通金华东站能力紧张，采取乔司站组织温州方向的折角车流直接在接轨站机车转向牵引（或更换机车）折返而不进金华东站的方式。另外，按编组计划规定，合肥东站组织新丰镇以远程直达车流，但受驼峰解体能力和集结时间限制，每日需芜湖东站组织 2 列远程直达车流配合，到达合肥东站后更换车次开行。

（三）提高机车运用的应变能力

车流移动很大程度上取决于机车运用情况，包括机车交路、机班供应等。因此，机车动力对车流移动起决定作用。在日常机车组织过程中，提高机车动力资源的应变能力，需要挖潜。当京九线大运量冲击淮滨口下行车流紧张时，可采取北段（阜阳北—王楼）机车到南段（阜阳北—淮滨）调剂使用，相应组织好人机资源确保枢纽畅通；当遇铁路局管内部分区段上下行货物列车密集运行时段不匹配时，要有针对性地提出紧交路机车的放行要求，并事先做好单机放行；对于车务段机车动力不足，可采取建立中心站和辅助中心站的方式，合理安排调车机车及小运转机车运用和分工范围，发挥其辐射功能。例如，皖赣线中间站装卸车较多，可采取建立黄山和绩溪县为中心站的形式，将大运转列车的甩挂作业能力集中投放到调车机车及小运转机车辐射不到的中间站。

（四）优化技术站的车流组织

（1）南京东站在下行货车密集开行时段，要增加编组作业的调车机车能力，确保沪宁线下行运行线开满；遇沪宁线下行车流积压时段，对到达宁芜线的车流，如有马鞍山和古雄站整列车流，可组织在下行场办理通过，牵引至前方栖霞山站，再返回到上行直通场向宁芜方向直接发车的方式，这样可以避免与沪宁线下行到达解体列车同时占用到达场的局面。

（2）合肥东站要合理安排15：00—18：00到达的上下行货物列车通过数量，相应减少到达解体列车数量，缓解叶集方向下行机车接续和出发场到发线的不足。

（3）乔司站除要组织义乌、衢州等站整列小运转到达外，还要根据具体条件考虑到浙赣线车流比较稳定的几个车站，积极组织分组列车的方式，即先组织衢州、江山、上铺等站成组车流到达衢州站，再以衢州站为中心将江山、上铺站车流再组成分组列车方式，且这些站的装车也可将零散车流以组织阶梯直达的方式进行优化。

（五）优化空车调整

空车调整难点之一就是要正确处理排空和配空的关系，可以从货源装车结构入手。根据铁路局运输的特点，空车调整按照总走行公里最少的原则，优化空车调整径路和货车运用效率。即除需要两个通道协调外，还要分层次做好二通道行宫塘、裕溪口站和一通道的常州东、东葛站等关键节点上行空车的排空时机和数量。如因一通道常州东站排空主要是上海地区和沪宁沿线部分车站卸后空车，东葛站排空既包括常州东站，又包括南京地区和沪宁沿线另一部分车站卸后的空车数量。所以，为确保符离集口的排空数量，调度第一班要确保常州东站上行通过空车辆数，达到全日该站排空数的65%以上，以及东葛站排空要达到全日的45%以上；同样，为确保二通道行宫塘站的排空数量，还要积极组织将浙赣线衢州以西一定数量的空敞车集结到乔司站。在配空中，要在加强自备车循环车底效率使用的基础上，按照矿区产量需求，组织好均衡配空，采取送空取重相结合的方式。另外，要发挥芜湖东站对上行空重混合列车进行截流作用，重新解编空重混编列车，组织空车专列，以提高运输效率。

第三节　不均衡运输条件下车流组织的优化

车流组织是将车流转变为列流的多环节的复杂的组织过程，是行车组织工作的重要组成部分。铁路第六次提速调图后，运输资源的优化配置，使主要干线的运输格局和条件发生很大变化，客、货运通道车流的不均衡现象更加明显和复杂，使车流组织工作难度相应增大，为发挥路网运输的整体效能，迫切需要系统研究和探索运输组织的新模式，积极寻求破解难题的新途径和新对策。

一、运输组织的变化

（一）技术条件标准更高、更严

铁路第六次提速后，运行图的各项技术条件标准比前 5 次提速调图有不同程度的创新，列车追踪、机车换挂、车辆技检等作业时分进一步压缩。京沪线旅客列车密度更高、速度更快、速差更大，但停站时间却大幅减少，特别是密集开行的动车组列车，5min连发追踪间隔、2min 停站办理客运业务、20min 车底套用立折循环使用等高技术标准，使列车运行图的刚性越来越强，加大了按图行车的难度，调度调整空间极小，遇有突发事故将大面积打乱列车正常运行秩序。

（二）通道能力利用趋于饱和

以上海铁路局为例，开行动车组列车使一通道京沪线沪宁段运输能力仅能部分满足本线车流的到发需要。从增加的旅客列车对数看，沪宁段最高密集区段无锡—苏州将开行旅客列车 103 对，货运能力进一步受到限制，只有将通过车流分流到二通道和新长线。同时，货运繁忙干线的二通道，运输能力受阜阳、合肥、芜湖及杭州枢纽能力的制约，阜淮、淮南、宣杭部分区段能力利用率已达 90% 以上，合肥东—裕溪口上下行货物列车已达到 81 列和 80 列，点线能力矛盾更加突出。若出现车流结构变化、列对不均、秩序不良等情况，均会影响通道运输能力的利用。

二、不均衡运输条件下车流组织存在的问题

所谓客运通道和货运通道是相对而言，因此，处于通道交叉点所在站的车流组织一般具有两重性。

（一）客运通道的车流组织

客运通道主要是动车组的投入使用，列车运行图基本形成白天及上半夜以客为主、下半夜以货为主的格局，沪宁段车流不均衡程度主要受旅客列车品类和数量规模、连发和追踪组数增加的影响，货物列车在夜间某一时段呈现大规模集束到发的局面。例如，沪宁段的南京东和南翔编组站货物列车到发严重不均衡，白天几乎无法安排货物列车运行线，造成车辆积压，使出发场满线、调车场堵塞、到达场等线、解编困难等，这给车辆存放、调车作业、到发线运用及车流集结都带来一定困难。同时，夜间货物列车的集束开行，需要有充足的车流来源，这对车流集结的时机、数量等方面的要求都相应增加。此外，管内区段车流包括中间站重车到站、空车挂出更为困难，既使车辆移动到位，又受夜间卸车能力和专用线卸车条件限制，且夜间中间站调机能力紧张。

（二）货运通道的车流组织

因部分原经客运通道车流改经货运通道迂回，造成该通道车流骤增，又受货运通道运力资源配置不协调影响，使编组站阶段性能力紧张、点线能力不协调、机列衔接等问题日渐突出。例如，处于分界口起截流作用的阜阳北编组站和合肥东区段站，重车流连续大量接入使原已不均衡的各方向车流相互叠加程度进一步加剧，又受编组计划细化影响，造成解编能力紧张，到达场、调车场、出发场能力不协调，并相互作用产生阶段性堵塞。另外，机车或机班供应不足，特别是合肥东站处于二通道机车长短交路继乘点，机列衔接问题显得更为突出，已成为运输组织的难点。又如，新长线新沂口接入的重车增加后，该线南段受江阴轮渡能力影响机车尚未采用贯通方式，北段受单线多个限制区间及海安县站编组能力影响，车流移动缓慢，在某些区段产生不同程度堵塞。

三、车流组织优化的相关对策

车流组织就是要将重车和空车流，结合流向、流量、流程并根据各站设备和能力利用情况，确保迅速经济地运送到站，以实现货流的移动。因此，要适应不均衡车流环境，车流组织的广度和覆盖面都将增大，需要对车流组织进行集成化管理。所谓集成，即指一个整体的各部分之间能彼此有机协调工作，以发挥整体效益，达到整体优化的目的。车流组织的集成化管理能体现全面和重点控制相结合的方式，强调车流、列流、机车流、

货流、信息流的统一，综合解决面临的问题，以实现车流组织的精细、动态、规模、集约化。

（一）客运通道的编组站车流组织方案

客运通道的车流组织集成化管理要兼顾纵向和横向一体化。纵向一体化是在编组站内部挖掘潜力，横向一体化是将车流组织统一协调于各编组站、区段站，将车流组织与区段管内车流移动协同考虑，根据车流情况分别采取组流、逼流上线的组织方式。在实际组织过程中，需将编组站、区段站、中间站看作一个整体，有机集成起来进行车流组织和管理，充分考虑到卸车站整列到达，确保管内区段车流移动，进行全局优化。另外，还要在时机、数量等方面进行车流集结不均衡运输条件下车流组织的优化等的集成化管理，将枢纽内各站作为具有星形发散结构的供应链系统，确保客运通道货物列车的集束开行。

（1）南京东编组站在白天要将到达的沪宁段管内车流按到站集结，到达量大的车站，如无锡南、常州等站选编成整列或大组，按照管内车流移动直达化的原则进行优化，组织开行一站式列车，加速车流移动。在15：00—20：00要充分利用旅客列车运行的间隙时间组织开行区段和摘挂列车，在20：00—23：30要组织多开行直通和1~2个到站的区段列车，确保旅客列车运行高峰到来前，将车流移动到沿线各站。同样，杭州枢纽的乔司编组站组织义乌、诸暨等站整列到站的管内直达列车。

（2）南翔编组站车流组织的关键是夜间集束车流的开行。制订沪宁段上行集束列车接续方案，如要求上海枢纽各站白天的卸空车和装好的重车在15：00 ~ 0：00组织小运转挂至南翔站，确保南翔站23：10后货物列车集束开行的车流来源。还要明确规定枢纽出车的重点站在一定时段内最起码的出车数量，部分枢纽小运转列车要按编组内容和时间准点到达。枢纽各站必须加大夜间作业比重和出车力度，为编组站夜班车流接续创造条件。

（二）区段管内车流快速移动的对策

（1）区段管内车流移动，除组织始发直达列车及阶梯直达列车外，可采用摘挂列车、区段小运转、调度机车及中间站的调车机车相互配合协调实现，在具体条件下选择合理的管内组织方法。

（2）管内重车移动对到达卸车站就是货流的移动，需要对开行的区段和摘挂列车编组进行优化，规定重点到达站的核心列车车次。对于到达量小的车站，先选定邻近的重点到达站，如沪宁段利用常州东和镇江南站调机运能，最大化将集结的小站车流选编成组，减少小站调车作业量。同时，还要灵活优化调小机车安排，如将奔牛、新闸镇站挂上行车流以小运转列车的方式转至常州东站反挂，调小机车返回时可将常州东集结的两个车站车流及时移动到位。

（3）调度机车可同时为多个车站服务，用于收集供摘挂列车联挂的车组，或将摘挂列车的车辆向其他站输送；调度机车还可以在服务车站完成部分或全部调车作业后，向装卸地点送车，在货物作业地点配置及收集车辆，在货物作业后取走车辆等。可根据各站车流实际采取具体作业方式，如金华东站峰尾 1 台调度机车除负责义乌西等站的调车及取送作业外，还承担金华东站的部分编组作业，以缓解编尾调机能力不足。沪宁段增设常州东—南京东 1 台调机，常州东—南翔 2 台调机，可充分利用调机在本站作业的空隙为邻站服务，负责将小站车流向大站集结。实践证明，减少了新长线出线车流在无锡北口受牵引机车和运行线的限制，加速了无锡西—无锡南的车流移动。

（三）大车流冲击下的应急预案组织

货运通道在受大车流冲击时，需要将车流组织和车流调整结合进行优化。可针对某方向重车流集中到达、到达场作业效率不高或出发场发车困难影响调车线能力紧张，并继而影响到达场出现接车等线，以及空车集中到达等情况，按层次编制详细的车流组织预案。一般在实际中，这些情况不可能同时发生，可能是一种或几种情况的组合，需要灵活运用。

（1）当阜阳北站到达场出现阶段性堵塞时，组织青龙山站和淮南西技术站分担阜阳北站的解编能力，当淮北矿区出车时尽可能组织合肥东、芜湖东及其以远的整列车流和淮南西站组织整列空车在阜阳北站直通。当堵塞程度进一步严重时，可根据列车编组情况，组织下行到达解体列车违编通过阜阳北站到淮南西站解体。

（2）在编制淮滨口移交车流增大的预案时，考虑到情况复杂，需要分层细化。遇有交出的煤炭直达列车，可向总公司申请改经京沪线津浦段、水蚌线、合九线迂回交出。

（3）遇有江岸站车流增大时，可向总公司申请经界首口迂回；或在向塘站车流不大且机车供应充足的条件下，利用向塘方向机车牵引部分江岸站车流。

（4）遇有塘西车流增大时，要根据车流和机车情况，向总公司申请组织部分车流经阜淮、淮南、合九线从孔垄口迂回。

（5）阜阳北站当日组织鹰潭以远车流超过 150 辆时，考虑到湖口的通过能力不足等因素，可积极组织在淮滨口迂回。

（6）管内浙赣地区车流堵塞时，可将金华东以远和乔司以远车流合并开行，到芜湖东或乔司站后按原去向重组。

（7）合肥东站组织新丰镇以远车流困难时，可组织后方站芜湖东站编组集结并整列开行。

（8）沪宁段无锡—黄渡间各站车流集结困难时，可采取运行到无锡西站重新选编成组的方式，但在车流集结充足时必须整列集结。同样，南京东站组织鹰潭以远车流困难时，可以转到芜湖东站编组集结等。

（四）提高流线和机列的紧密衔接

机车运用包括机车交路、机车和机班供应等，一般采用长交路、轮乘制、机车循环、人继乘等方式。车流衔接问题的产生主要是某一时段某一方向车流增加，机车动力供应不足；或某一方向车流虽未增加，但因区段上下行列流线条不均衡，受机车折返、机班供应等限制出现某时段供应不足。机列发生阶段性不匹配，即某一阶段无法实现列车流与机车流的对接，即使编组站解编能力没有问题，也会发生列流等机车开车现象，造成编组站出发场或直通场堵塞，进而影响驼峰解体和到达场接车等，最终造成车流组织中断。因此，解决机列衔接问题，实质上就是解决车流组织的连续性。大车流冲击时往往需要超图行车，需要机车流的补强，实现用活机车、突破机列衔接问题。阜阳机务段采取阜阳—商丘—聊城与阜阳—合肥配属的 83 台机车共用的办法，解决阶段性机车供应问题。另外，实行阜阳—商丘—聊城与阜阳—向塘西组织机车跨线调用，满足车流开行不均对机车的需求。对于合肥东站机车交路，提出牵引质量 4500t 的贯通方案，解决合肥东站下行接发列车能力紧张问题，并打破合肥机务段本段和芜湖运用车间乘务人员的乘务界限，实行轮乘制。对于新长线，为缓解无锡西站到发线能力紧张，加快车辆周转，可调整江阴北—长兴直通列车的机车交路方案，采取在无锡西站换人不换机的方式。

由于车流组织的复杂性，理论和实际有可能发生脱节现象。在车流组织实际工作中，需将车流组织人员头脑中存在的隐性知识，包括经验、创新、技能、应变能力等不断积累并整理为显性知识，进行系统思考，形成知识管理，不断创新不均衡运输条件下的车流组织方法。

第四节　不均衡条件下车流组织与调整的协同管理

长期以来，努力保持均衡是铁路运输组织的重要原则。而现阶段我国铁路运输的市场化经营正处在运输能力与运输需求局部结构性失衡的复杂阶段，运输需求数量及其时空的波动性造成不均衡的现象不断加剧，尤其是在"一主两翼"战略指导下的铁路第六次大提速调图后，运输资源的优化配置使得主要干线的运输格局和条件发生了根本性变化，车流不均衡现象日益凸显且复杂程度进一步加深。因此，如何将客观存在的车流不均衡运输现象转化为运输工作秩序相对稳定的动态均衡，迫切需要创新运输理念、寻求破解难题的新途径和对策。

一、车流组织与调整的概念

车流组织与调整是铁路运输组织工作的基础。其中，车流组织是围绕货物列车编组计划将车流转变成列车流的多环节、复杂的组织过程；车流调整是在日常调度指挥过程中根据合理的车流预测、推算，通过变更车流径路或弹性执行编组计划等方式，以防止线路或车站阶段性堵塞和通过能力浪费的组织过程。

二、车流组织与调整面临的主要问题

（一）客运通道的车流组织和调整难题

繁忙干线大量动车组投入运营，列车运行图结构形成昼间及上半夜以客为主、下半夜以货为主的格局，而且受旅客列车种类和数量规模、连发和追踪组数明显增加的影响，货物列车夜间某一时段呈现大规模集束到发的局面。如南京东和南翔编组站白天几乎无法安排货物列车的到发，夜间某一时段呈现货列集中到发的现象，造成白天车流集结、调车作业、到发线运用等都存在一定困难，夜间又需要有充足的车流来源保证货物列车的集束开行，车流集结时机、数量等难度剧增。此外，管内区段车流移动困难重重，也经常受到夜间卸车能力和专用线卸车条件的限制。

（二）货运通道的车流组织和调整难题

原经客运通道的车流改经货运通道迂回运输，车流剧增与车流日常波动交织在一起，产生的问题主要表现在以下几个方面：

（1）分界口接入重车流波动性大

铁路局分界口受车流不确定性因素影响，重车流接入的波动性大，集中表现为：某一方向连续数日的大运量接入远超过计划数值，或某一方向相邻两日接入车流基本处在高峰和低谷呈现跳跃性。车流的连续大运量冲击造成编组站解编能力紧张，机车或机班供应不足，均衡作业被严重打乱。车流的跳跃性波动又给机车调整工作带来现实的困难。

（2）区间上下行货列集中时段不匹配

上下行货车集中时段的不匹配造成"有流无机"和"有机无流"等现象，影响车流移动。如淮南线合肥东接人芜湖东复线区段，上下行方向货列到达集中时段不匹配，造成芜湖东站上行集中开车时段机车交路紧张，后续又影响到合肥东下行集中开行时段机车交路紧张。

（3）管重到达时段性严重积压

不均衡运输在货运站表现为某时段受物流需求波动影响，某种或多种品类货物集中到达某卸车站（工矿企业站），超过该站卸车设备和劳力组织能力等，造成待卸车辆积压，甚至在邻站保留。可以将管重到达时段性积压现象归纳为某线路上一点或二点的"点积压"；还包括某线路造成堵塞的"线积压"，如浙赣线金华以西管重到达的车流中，衢州、江山、上铺等多站同时出现积压。

（4）中间站调车动力不足矛盾凸现

①部分货运站不在调小机车的作业范围内，配空、货物线与专用线取送、待发车挂运完全依赖大运转列车，运力需求得不到及时满足；

②部分调小机车利用率不高，造成能力浪费，如某车务段管内8台调小机车利用率程度利用不均。

（三）车流组织与调整优化的思路

协同学是系统科学的一个分支，基本含义是多个主体围绕一个共同目标而相互作用的协作过程，反映事物之间、系统或要素之间保持合作性、整体性的状态和趋势，核心是分工与协作。不妨将协同的概念引入车流组织与调整过程中，基本思路是将车流组织与调整的广度增大，体现全面和重点控制相结合的方式、横向和纵向相协调的原则，强调货流、车流、列流、机车流、信息流的统一，围绕共同目标，通过各子系统的动态协调与合作，综合解决客运和货运通道面临的瓶颈问题，最终将各种分散作用在联合中获得的总体效果优于单独效果之和，以实现车流组织与调整的精细、动态、规模、集约化。

三、不均衡条件下车流组织与调整的对策

（一）客运通道的车流组织和调整对策

1. 编组站车流组织与调整方案

客运通道的车流组织协同化管理要兼顾纵向和横向一体化。纵向一体化就是在编组站内部挖掘，横向一体化就是将车流组织与调整统一协调于各个技术站，将车流组织与区段管内车流移动协同考虑，根据车流充足与否分别采取组流、逼流上线等组织方式。在实际组织过程中，需将编组站、区段站、中间站看作一个整体，将编组站内部及编组站之间进行有机集成，充分考虑到卸车站整列到达作业能力，确保管内区段车流移动；另外，还要在时机、数量等方面进行车流集结的协同化管理，将枢纽各站看成是车流集结的具有星形发散结构的供应链系统，确保客运通道货列的集束开行。

南京东站在日间将到达沪宁沿线管内车流按到站集结，到达量大的无锡南、常州等

站选编成整列或大组,本着管内车流移动直达化的原则,组织开行一站式列车以减少途中作业。充分利用 15：00—20：00 旅客列车运行的间隙组织多开行区段和摘挂列车,在 20：00—23：30 时段多组织开行直通和 1~2 个到站的 K 段列车,确保旅客列车高峰到来前移动到沿线各站。在夜间货列集束开行时,不断摸索货车集束连发特征,多次组织连发试验,从连发 8 列到连发 17 列,每列平均间隔 7~8min。

南翔站车流组织的关键是夜间集束车流的开行。要精心安排上行集束列车接续方案,枢纽小运转按照大运转开行时机确定重点核心接运车次、重点站及编组内容,并在规定时间内到达。如要求枢纽各站白天卸空车和装好的重车在 15：00—0：00 时段组织小运转挂至南翔站,确保南翔站 23：10 时后货物列车集束开行的车流来源;并规定枢纽出车的重点站在规定时间段内至少出车数量值,部分枢纽小运转列车要按编组内容和时间准点到达。

为缓解编组站阶段性能力紧张,针对不同方向的车流组织特点灵活地加以协调优化。如南京东站在下行货车密集开行时段,确保沪宁线下行车流线条开满;遇沪宁线下行车流积压时段,对到达宁芜线的马鞍山和古雄站整列车流可组织在下行场办理直通,牵引至前方栖霞山站,再返回到上行直通场向宁宪方向直接发车,则可避免与沪宁线下行到达解体列车同时挤占到达场。

2. 区段管内车流快速移动的对策

区段管内车流组织除了采用阶梯与反阶梯直达列车外,常采用摘挂列车、区段小运转、调度机车及中间站调机相互配合来实现,在具体条件下要选择合理的管内工作组织方法。优化部分区段和摘挂列车的编组内容,规定重点到站的核心车次。对于到达量小的车站,先选定邻近的重点到站,如利用常州东和镇江南站调机,将在此集结的小站车流选编成组,以减少小站调车作业量。同时灵活优化调小机车,如将奔牛、新闸镇站上行车流以小运转列车的方式反挂至常州东站,返回时可将常州东集结的两站车流及时移动到位。

另外,调度机车在区段管内车流移动过程中举足轻重。调度机车可同时为几个车站服务,收集供摘挂列车连挂的车组,有时还将摘挂列车摘解的车辆向其他站输送;调度机车还可以在所服务的车站完成部分或全部调车作业,向装卸地点送车,在货物作业点取送车辆等。可根据各站车流的实际情况采取具体的作业方式,如金华东站峰尾 1 台调度机车除负责义乌西等站的调车及取送作业外,还承担金华东站的部分编组作业以缓解编尾调机能力的不足。沪宁线常州东—南京东间增设 1 台调机、常州东—南翔间 2 台调机,可充分利用调度机车在本站作业空隙为邻站服务,负责将小站车流向大站集结。

（二）货运通道的车流组织制调整对策

1.整体提高列车编组质量并弹性执行编组计划

路网干线的车流组织具有全局性、主导性，因而要科学合理地调整路局编组的源头站，达到简化中间作业、提高运输效率的目的；区段和枢纽内部车流具有局部性、从属性，应当服从全局需要，做好车流衔接和配合。这就要求直达列车始终是车流组织的核心。按照长途车流直达化、短途车流组织多样化的原则从整体上进行优化，车流要集中在主要编组站改编，并且枢纽地区照顾编组站，次要编组站和区段站协助主要编组站。但日常运输过程中由于实际车流的复杂性，需要弹性地执行编组计划。

（1）遇阜阳北站发生阶段性堵塞时，需要辅助编组站或区段站的配合，组织青龙山站编组下行芜湖东方向、淮南西编组上行徐州北方向整列直通，使通过列车和解体列车交替到达阜阳北站，必要时还可根据车流去向有目的地组织王楼口下行接入"违编"列车直通至芜湖东编组站到解。

（2）当遇宁芜线堵塞时，可以采取部分调整的方式，即芜湖东编组站组织整列无锡方向仍按既有径路走宁芜线，但该方向零星车流集结成组可以采取经迂回径路，经新长线迂回输送。

（3）因浙赣线金华东站始发温州方向的接轨站无联络线，按现行编组计划金温方向车流安排在金华东区段站组织。为疏通金华东站能力紧张，采取乔司站组织温州方向的折角车流直接在接轨站机车转向牵引（或更换机车）折返而不进金华东站的方式。

（4）按编组计划，合肥东站组织新丰镇以远远程直达车流，但受驼峰解体能力和集结时间限制，每日需后方芜湖东站组织2列远程直达车流配合，到达合肥东站后更换车次开行。

2.大车流冲击下的应急预案组织

货运通道在受大车流冲击情况下，可针对某方向重空车流集中到达，以及出发场发车困难影响调车线使用继而影响到达场接车延误等情况，预先按层次编制详细的车流组织预案。以上情况可能是一种或几种情况的组合，需要在实际组织过程中灵活运用。

（1）阜阳北站遇到达场阶段性堵塞时，组织青龙山区段站和淮南西编组站分担阜阳北站的解编任务，如淮北矿区出车时尽可能组织合肥东、芜湖东及其以远的整列车流和淮南西站组织整列空车在阜阳北站直通。

（2）当堵塞程度进一步严重时，可根据列车编组情况组织下行到解列车"违编"通过阜阳北站到淮南西站解体。

（3）在编制淮滨口移交车流增大的预案时，考虑到情况复杂，需要分层细化：

①遇有交出的煤炭直达列车，可积极向总公司申请改经津浦线、水蚌线、合九线迂回交出。

②遇有江岸车流增大时申请经界首口迂回，也可在向塘车流不大且机车供应充足的条件下，利用向塘方向机车牵引部分江岸流。

③遇有向塘西车流增大时，要根据车流和机车情况，向总公司申请组织部分车流经阜淮、淮南、合九线经孔垄口迂回等。

（4）在实践中还需要不断摸索车流调整方法：

①阜阳北站当日组织鹰潭以远车流超过 150 辆以上时，考虑到湖口通过能力不足等因素，可积极组织在淮滨口迂回。

②当管内浙赣地区车流堵塞时，可将金华东以远和乔司以远合并开行，到芜湖东或乔司站后按原去向重组。

③合肥东站组织新丰镇以远车流困难时，可组织后方站芜湖东站编组集结并整列开行。

④当遇有沪宁线无锡—黄渡因分类线不足产生车流集结困难时，可采取运行至无锡西站重新选编成组的方式，但在车流集结充足时，必须整列集结。

⑤同理，当南京东站组织鹰潭以远车流困难时可以到芜湖东站编组集结等。

3. 努力提高流线和机列的紧密衔接

车流衔接是车流组织的重要指标之一，日常组织中车流衔接存在问题的主要原因有以下几种：

（1）编组站某时段、某方向车流本身增加，机车动力供应不足。

（2）编组站某方向车流虽未增加，但因区段上下行列流线条不均衡，受机车折返、机班供应等限制，发生机、列阶段性不匹配，即某一阶段无法实现列车流与机车流的衔接，此时，即使编组站解编能力充足，也会发生列车出发场待发现象，进而影响驼峰解体和到达场接车，造成车流组织中断。

因此，机列衔接问题也是车流组织中重要的接续环节。大车流冲击时往往需要超图行车，需要机车流的补强、打破乘务界限、实行轮乘制。

（1）阜阳机务段要合理安排阜阳—商丘—聊城与阜阳—合肥配属的 83 台机车共用的办法，解决阶段性供车不均衡问题。

（2）组织实施阜阳—商丘—聊城与阜阳—向塘西区段机车跨线调用。

（3）当遇路局管内部分区段上下行货车密集运行时段不匹配时，要有针对性地提出紧交路机车的放行要求，并事先做好单机放行。

（4）对于机班与乘务员经常不匹配的情况，加强"人、机、车"三位一体的方式组合的计划性，避免有机车无乘务员等现象发生。

（5）乔司编组站除要组织义乌、衢州等站整列小运转到达外，还要根据具体条件考虑到浙赣线多站车流比较稳定，积极组织分组列车的方式，即先组织衢州、江山、上铺等站成组车流到达衢州站，再以衢州站为中心，将江山、上铺站车流再成组换挂的分组列车方式。同理，这些站的装车也可以采取将零散车流组织阶梯直达的方式进行优化。

4. 不断提高动力资源的应变能力

（1）当遇铁路局管内部分区段上下行货车密集运行时段不匹配，要有针对性地提出紧交路机车的放行要求，并事先做好单机放行。

（2）针对车务段的动力不足难题，可以采取建立"中心站"和"辅助中心站"的方式，合理安排调小机车运用和分工范围，发挥其辐射功能。例如，皖赣线中间站装车和卸车较多，采取建立黄山和绩溪县为中心站的形式，将大运转列车甩挂作业能力集中投放到调小机车辐射不到的货运站，从芜湖车务段调机运用的整体上结合车流去向提高动力资源的应变能力。

第五节　上海金山市郊铁路公交化运营方案优化研究

进入 21 世纪，很多大城市的发展受到人口和面积限制，城市周边的卫星城镇迅速发展，市郊铁路的优势已进一步显现。市郊铁路一般是指连接市区与郊区及城市周围卫星城镇或城市圈，主要为通勤、通学、休闲娱乐等乘客提供大运量、公交化、低碳环保、出行便捷交通服务的轨道交通系统，是未来城市轨道交通发展的主要制式之一。

为满足乘客需求，本节通过对上海金山市郊铁路运营组织中存在的问题分析，提出改进方案和扩能改造方案，以便为市郊铁路的运营组织优化提供辅助决策。

一、国内外市郊铁路运营概况

（一）国外市郊铁路运营概况

市郊铁路具有运量大、速度快、运行距离长等优点，国外市郊铁路开通早，经过多年发展，已成为城市轨道交通网重要的组成部分，承担了较大比例的通勤交通任务。在城市不断扩展的今天，世界各大城市都十分重视发挥市郊铁路的作用，基本形成了发达的市郊铁路网，与地铁、轻轨一起，共同构筑起四通八达的城市交通主干网，如东京、巴黎、纽约、伦敦等城市的市郊铁路都在 200km 以上，甚至数千 km，并形成了各种运输工具相互衔接、合理换乘的公共交通系统，在保证人们出行的及时与顺利、免受堵车与气候影响之苦，以及在外移居住区、调整产业布局、减轻城市污染等方面，发挥了十分重要的作用。例如，巴黎每日开行的市郊列车为 5000 多列，市郊铁路客运量占到轨道交通总客运量的 43.8%；东京日开行的市郊列车逾 6000 列，客运量比例甚至达到了 77.7%。为了吸引市郊客流，提高线网通过能力，达到市郊线路公交化运营的目标，各城市采取了多种方法提高运营效率，如直通运营、支线运营、共线运营、快慢车运营、大小交路套用，以及在不同支路、不同时段、不同节日采用不同运行图等方式。由于采用了多种灵活多变的运营组织方式，通过能力大大提高，乘客候车时间也大大缩短。如巴黎地区的 RER 线独立于其他线路单独运营，其高峰小时最小间隔缩短至 1.5~2min。

（二）我国市郊铁路运营概况

我国市郊铁路起步早，在 20 世纪 80 年代发挥过相当重要的作用。1966—1980 年我国市郊铁路客运量占全国铁路客运量的比重基本稳定在 20% 以上，但 80 年代后开始下降，到 2000 年已下降到 4.6%。市郊列车因铁路枢纽线路通过能力限制而逐渐萎缩，开行数量占全部列车数的比重由 1975 年的 24.3% 下降到 1998 年的 6.0%，部分城市只开行一些铁路职工的通勤列车，只能解决沿线职工上下班交通问题，顺带部分旅客。近几年，我国市郊铁路处于快速发展期，在北京、上海、天津、广州、深圳、成都等多个城市近期规划的 60 多条线路中，规划市郊快线轨道交通约占 8%。国内各大城市纷纷掀起了市郊快线建设及运营管理高潮。目前，运营比较典型的有北京 S2 线和成灌市郊铁路。

二、金山市郊铁路运营现状分析

（一）金山市郊铁路概况

金山市郊铁路由原金山铁路支线改建而成。原金山铁路支线建于 20 世纪 70 年代，是上海石化的配套建设工程，主要用于上海石化货运业务，线路为 II 级单线，技术标准较低。2009 年 2 月，原铁道部和上海市决定共同出资对既有金山铁路支线进行改建，开行上海南站至金山的市郊列车，主要工程包括上海南站至新桥站间增减三、四线，原金山支线新桥至金山卫增建二线，新建黄浦江双线大桥，线路全封闭、电气化。但由于条件限制，上海南站至莘庄间的增建线路没有同步实施，而是在莘庄站简易接入。工程于 2009 年 12 月 9 日动工，2012 年 9 月 28 日开通运营。改建后的金山铁路支线正式定名为金山市郊铁路，可简称金山铁路，为国家 I 级双线电化铁路。线路起点为上海南站，终到金山卫站，全长 56.4km，途经上海市徐汇、闵行、松江、金山四个区，沿线共设 9 个车站，平均站间距 7.05km，最大站间距 12km，站台按满足 8 辆编组列车设置，长度 230m。金山站站房 5000m²，其余车站均为 2000m²。

（二）运营组织方式

金山市郊铁路率先实行公交化运营模式，体现在列车开行密度、车辆等客运设施、进出站方式、票价及政府政策支持等方面。

（1）运营设施。为满足公交化运营要求，全线同时设有铁路客票系统和上海公共交通卡系统，设有铁路自动售票机和自动检票闸机，乘客可购买铁路客票或使用交通卡刷卡进站。采用 CRH2A 型动车组运营，8 节编组，平均定员 584 人，共用 7 套车底。在上海南站设置了专用等候区域和进出站通道，与普通铁路旅客隔离，与南站的地铁 1、3 号线和其他公交便捷换乘。其他车站也有公交配套和 P&R 设施。

（2）列车开行方案。根据客流需求，确定工作日（周一至周五）每日开行动车组 36 对，其中全程直达列车 17 对，运行时间 32min；站站停列车 19 对，运行时间 60min。同时还编制了非工作日（周六、日）运行图，其中全程直达 15 对，大站停 2 对，站站停 19 对，合计 36 对。

（3）客运组织管理。在站车组织上突破了传统铁路的"提前候车、核对车次、检票上车、对号入座"模式，以让乘客"快进快出、随到随走"为目标，规范设置了指示牌、电子显示屏等导向标志。

（4）政府购买服务与票价优惠方案。为减少公交化运营和票价优惠政策对运营成本的影响，上海市政府通过政府购买服务的方式提供政策支持。政府购买服务对动车组列车开行密度、运行时间和进出站方式提出要求，票价与地面交通票价接近（3 元~10 元），使用公交卡乘客享受公交换乘优惠。

（三）客流特征分析

金山市郊铁路公交化运行模式深受沿线群众欢迎，客流量稳步增长，早高峰列车出现拥挤状况。客流主要以通勤、通学为主，也有部分中转换乘和旅游客流。开通两年来，共发送旅客 1313.44 万人，日均客流由开通初期的 1.3 万人增长到目前的 2.3 万人。2013 年全年发送 619.6 万人次，2014 年 1—9 月发送 565.9 万人，同比增长 25.6%。从客流特征看：①直达客流比重大，起讫站的旅客占 84%，上海南站占 48%，金山卫站占 36%；②周五晚和周一早高峰现象明显；③周末与旅游季节客流占比高，非工作日比工作日日均多 1163 人；2014 年"5.1"小长假日均 32455 人，比一般双休日高出 51%。一般双休日比工作日高 3.6%。其中，5 月 1 日创下了日最高客流 3.7 万人的纪录。而且，暑期客流比平时高 21%。其客流的时空波动特性体现在以下方面：

（1）日波动：客流主要集中在早晚高峰，而中午及下午时段，即 10:00—17：00 期间上座率很低。

（2）周波动：虽然双休日客流也主要集中在早晚高峰时段，但与工作日相比，双休日的早晚高峰时段比较长。工作日早高峰在 06：00—09：00，晚高峰从 17：00 开始。而双休日早高峰在 06：00—10：00，晚高峰从 16：00 已经开始。另外，双休日期间中午及下午的客流量也较工作日多。

（3）方向波动：客流的方向波动与时间波动相伴随。早高峰时段客流主要从金山卫—上海南方向；晚高峰时段客流主要从上海南—金山卫方向。

（4）区域波动：客流量在上海南站及金山卫站最大，其次为新桥、车墩、亭林站。

（四）存在的主要问题及分析

（1）列车开行密度不能满足客流波动需要。①市郊客流呈现明显的时空特性，因此列车开行方案优化需要根据不同时段的客流波动调整。比如，客流早晚高峰较密集，而其他时段较稀疏，则在早高峰时段密集发车，在非高峰时段发车密度可降低；高峰客流的方向性明显，早高峰时段前往上海南方向的客流较多，晚高峰时段前往金山卫方向的客流较多，在高峰密集发车情况下，增加早高峰前往上海南、晚高峰前往金山卫的列车；虽然中间站的总客流比较可观，但是前往上海南或金山卫的客流量比单个中间站客流量多很多，因此直达列车还需占很大比例；每个中间站的客流量并不均衡，在客流量大的车站需要增加停站，在客流量少的车站则可减少停站。②从目前客流及上座率看，由于客流不均衡，每天开行 36 对，存在高峰拥挤、平时虚靡的现象。市郊铁路的功能定位是通勤，列车运行速度较快，在客流高峰期可以做到密集发车，减少旅客候车时间，基本上能做到随到随走。但非高峰时段发车间隔在 30min 以上，不能满足需求。从衔接方式看，大部分乘客通过公交或地铁等方式到达车站乘坐某次列车，考虑到各种不可靠因素，乘客选择提前到站等候时间在 10~30min 之间，再加上运行时间和前后换乘时间，乘客在途时间较长。

（2）尚未形成大量稳定的通勤客流。主要表现在虽然金山市郊铁路周末与旅游季节客流占较高比重，沿线居民出行习惯尚未改变。由于金山市郊铁路是利用原来货运支线改造的，原支线的主要功能是解决石化货运，线路走向、站点设置等并没有考虑客运需求。同时由于线路在车墩、金山园区还连接其他线路，这次改造在线路走向和站点设置上未能有大的调整，新建客运站都在原站原址，有的车站离居民区较远，客流吸引能力较差。

（3）限制区段能力使用紧张。由于目前金山市郊铁路在上海南站—莘庄间是与沪杭线共线运行，在满足沪杭线各次客车的运行正点的前提下，尚无条件按需安排运输能力，市郊列车只能"见缝插针"。因此，列车开行的均衡性受到影响。

（4）配置标准偏高造成运营成本居高不下。从运营成本看，由于铁路运输的公益性，加上金山市郊铁路公交化开行密度和高标准的 CRH 动车组配置，现有车型和需求不匹配，造成金山市郊铁路运行成本高、经济效益差。

三、运营优化方案

（一）优化原则

（1）降低时间成本。金山市郊铁路客流主要由工作日通勤和通学客流、双休日旅游购物客流构成，不同乘客对时间、空间有不同的需求。列车开行方案优化要尽可能地满足不同客流的需求，使不同乘客乘坐金山市郊铁路的时间成本最小，需合理制定：①开行时间及发车间隔；②上下行开行方案；③工作日与双休日开行方案。

（2）提高上座率。金山市郊铁路客流在高峰与非高峰时段客流量差异显著，因此高峰时段能达到很好的上座率，但在非高峰时段空座率很高。为了节约资源，同时又保证非高峰时段乘客的出行，可通过在非高峰时段减少编组辆数来提高上座率。

（3）吸引潜在客流。金山市郊铁路金山卫站以及上海南站的客流量较大，虽然沿线中间站的总客流量是比较大，但是各站的客流不均衡，因此沿线客流是未来的潜在客流。在保证客流需求的前提下，可根据沿线车站居民的出行特征，开行相应的停站列车以吸引这些潜在客流。

（4）均衡发车间隔。列车发车间隔均衡能够给乘客出行带来方便，虽然不能做到整个运营时段发车间隔同等均衡。但是可以使高峰期间发车间隔有个均衡度，非高峰期间有另一个均衡度。同时，要保证在不同时段有不同种类的列车开行。

（二）运营组织优化方案

（1）优化车站流线组织。快速方便、准时可靠是乘客选择市郊列车的主要原因。因此，在完善列车开行方案的同时，需优化车站作业组织，使车站设施设备（自动售票机、安检设备、进出闸机、服务中心等）的配置方便乘客进出；导向标识的设计能快速引导乘客；客流流线设计顺畅方便等等。如此，流畅的作业组织才能提高换乘的效率。

（2）加强周边换乘组织。通过客流调查发现，乘客不选择乘坐金山市郊列车的原因之一是换乘不便，换乘乘客中，一部分人的换乘接驳时间在 10~15min，30% 的乘客换乘时间在 30min 左右，这就大大增加了全程出行时间。目前上海南站具备较完善的换乘条件，其他车站只有公交车的接驳，特别是客流量也较大的金山卫、新桥、车墩、亭林等站，因此要协调优化公交车路线及其时刻表，使其方便快捷且与金山市郊铁路的时刻表相吻合，这样就可以缩短乘客的在途时间，也可以吸引更多的潜在客流。

（3）实施低票价策略。市郊铁路作为新型交通工具，客流需要一个诱增、引导、培养的过程。票价是吸引客流的基础。市郊铁路作为连接郊区与中心城区市郊客运的骨干方式，有着高速度、高密度、安全、准时、舒适等明显优势。但是，如果票价较高，便吸引不到足够的客流，上述优势则将失去意义。通过调查可知，市郊客流对列车票价的敏感度较高，特别是在运营初期尤为突出，其合理程度将直接影响乘客出行方式的选择。

（4）列车开行方案的优化。列车开行方案是组织运营的依据及基础，优化的首要目标就是满足客流需求。结合金山市郊铁路客流特征及存在的问题，当前主要通过列车开行对数和开行密度优化来达到不断满足客流需求的目的。

①列车开行对数的确定。根据客流调查资料可知：目前金山市郊铁路工作日、双休日每日分别开行 18 对、24 对就可满足客流需求，而目前不改变开行对数，仍采用 36 对的原因如下：日后金山市郊铁路的客流量还会增加，为日后客流量的增大做准备。市郊铁路客流量在时空分布上存在很大的差异性，列车平均上座率不可能很高，非高峰时段运能利用率较低。因此，开行对数应在计算得到的数据上适量增加。目前开行对数下，最小发车间隔为 6min，最大发车间隔为 72min 中，除了高峰时段比较密集外，其余发车间隔在 30min 左右。如果按计算得到的对数开行，发车间隔将会大大增加，既不方便乘客出行，也会因此流失已有的客流。公交化运营应在列车间隔时间安排上有一定的超前性，以满足乘客随到随走的需要。

②开行密度的优化。根据金山市郊铁路客流这 4 种时空波动特征，优化列车开行方案。

工作日期间：早高峰时段金山卫—上海南密集发车，晚高峰时段上海南—金山卫密集发车，同时兼顾到直达与站站停列车的比例；在客流量大的中间站增加直达列车停站作业（开行大站车），其他时段可酌情降低发车密度。

双休日期间：在每个时段均衡发车的前提下，增加早高峰时段金山卫→上海南方向及晚高峰时段上海南→金山卫方向的列车。

（三）扩能改进方案

（1）沿线各区都在努力发挥金山市郊铁路"交通导向型"的作用。如松江区正在规划建设连接金山市郊铁路站点的有轨电车项目，叶榭、亭林等车站附近规划建设居民大区，未来金山市郊铁路的客流将会逐步增长。

（2）上海南站到莘庄站的能力加强措施已经提上议程，莘庄交通枢纽配套项目也已开工建设，届时将有能力调整列车密度和间隔，从而提高服务质量。鉴于上海南站至莘庄站间将要修建三、四线，同时沿线地方政府都有开行市郊列车的迫切愿望，初期可深化研究市郊列车开行对数，以吸引、培育客流，待三、四线建成后，可考虑增开一定数量的市郊列车。

（3）时速 160km 的新型动车组已经在运行试验，2016 年有望形成生产能力，届时将有望通过新型设备的运行降低运营成本，促进金山市郊铁路的健康发展。

第四章　货物运输组织

第一节　路企直通运输联合调度模式研究

路企直通运输（以下简称直通运输）作为新的货物运输组织方式，已成为挖掘运输潜能、改善企业内部运输环境、优化大客户运输流程、提高运输效率的重要手段。铁路局调度所（以下简称调度所）是直通运输方案的实施者，是直通运输组织模式效率和效益的源头。为确保实施直通运输的厂矿企业调度、国铁接轨站调度纳入铁路局调度所统一管理范畴，促进直通运输步入有序化、正常化、规范化，需要加强联合调度模式研究，以便进行信息整合、流程再造、作业组织、联劳协作、调度指挥等方面方式和方法的创新，确保直通运输组织稳中求进、顺利实施，真正实现路企双赢。

一、研究内容

（1）建立相应的直通运输组织机构，明确工作职责和工作标准，同时建立运输生产信息等交流平台。

（2）设计调度所计划，货调、列调、机调台等岗位内部作业流程及与矿务局联系的外部流程，并制订直通运输相关实施办法和细致的作业组织方案。

（3）深入调研直通运输组织实施过程中出现的难点问题，不断摸索规律，精心组织，努力实现均衡运输，确保直通运输组织实现良好的闭路循环。

二、方案设计

（一）搭建平台

调度所成立直通计划台（以下简称直通台），主要职责是组织实施直通运输方案，成为与相关部门及各矿点沟通协调的平台，同时完善直通运输的联系通道。例如，各矿区装车站行车室必须配备通信设备，双方公布相关部门电话、值班人员、班次等项。国铁机车进专用线时遇有临时情况，包括运输设备故障、路外伤亡等，各矿点运转室要及时反馈给直通台。

（二）技术关键

技术关键应包括直通运输计划上报、审批、组织实施等三个过程。

（1）各矿务局（集团公司）运销处按照直通运输的同一去向、同一到站的有关请求车时间节点要求，上报请求车。

（2）调度所相应设置参数修改货运承认车审批程序，优先按照同一到站和同一去向审批各矿点承认车。若有调整，必须事先告知需要调整的矿点装车计划。

（3）调度所日班计划中增加"直通运输计划"内容，将次日直通运输计划以日计划形式下达计划台、行车台、机调台等相关岗位及站段，并将计划和内容通报各矿务局运销处调度。

（4）根据各矿点直通运输装车数量组织送空数量，各矿点严格按照计划装车数和装车去向组织装车。

（三）组织办法

在组织实施过程中，从联合调度等有关岗位出发，详细制定与直通运输相关的实施办法。

（1）货调（重点）台与矿务局运销处调度联系，掌握各矿点的产量、设备、装车进度和去向等情况，把各矿点的配空需求向有关计划台和直通台通报；每日下午将次日直通运输计划部分资料交计划室纳入日（班）计划。

（2）矿务局铁运处将次日影响的直通运输的站场、线路、信号等施工内容、封锁时间及处所等按照时间节点要求及时上报直通台，遇有临时限速要加强沟通与协调。

（3）直通台掌握直通方案列车运行，列车编组和直通点的装车、卸车情况，向计划台提出配空、出重、出空计划和相关要求；每日下午将次日直通运输计划部分资料（包括自备车）交计划室纳入日（班）计划；还负责将运输日（班）计划和阶段计划下达给矿务局运销处调度和所有直通接轨站，同时布置重点事项，并分阶段组织实施。

（4）计划台根据货运重点台和直通台提供的要车计划，结合空车情况和铁路局分界口的排空要求，与机调联系直通机车资源，再制订各矿点的运用车配空计划，并把直通矿点的配空计划及时反馈给货运重点台和直通台。

三、实施过程中存在的难题与对策研究

上海铁路局规划建设全局直通运输共26个接轨站、42个作业点，涉及24个单位。分析一年多来直通运输方案的执行情况，主要问题表现在信息对接和两淮煤炭的直通运

输组织方面。

（一）主要问题

1. 路企信息沟通不畅

生产与运输对接困难。直通运输需要多方面密切配合才能完成。日常工作中相互间联系在信息对接上需进一步加强：一是矿务局内部，如矿务局运销处调度负责装车去向，铁运处调度负责取送车等日常运输组织，若联系脱节，受市场、煤种、价格等原因影响易造成有煤不一定有车、产量不好需要排队装车等现象；二是车站与矿方间信息不对称；三是调度所与矿务局、车站间信息不同步，如矿里产量不好或需要检修时，不能及时向调度所通报，造成配空后车辆积压；四是调度所各工种间，如一列空车到达某接轨站后，重点台根据矿里产量，结合去向和有关重点要求确定空车分配方案，直通台和计划台需要与重点台联系好后才能进矿。各方面信息对接得好，有利于日常直通运输组织。

2. 直通运输组织的难点问题分析

（1）部分矿点产量不能满足直通运输需求，受煤炭产量不确定性变化影响，部分矿点产量阶段性难以满足直通运输需求。例如，淮北矿区朔里矿有时产量一天只能装 1 列车，装车时间在 10h 以上，而直通核定装车时间为 4.5h，若完全参照标准势必造成国铁本务机车在矿等装，机车浪费。淮南矿区主要表现为潘集矿，由于淮南矿务局自建两家电厂，装车首先保证每日耗煤 8 列车（矿里自备车装），这样就导致其他列车装车时间较长，国铁机车乘务员在交接站等待时间相应延长。

（2）部分矿点运力与运量不匹配。直通运输实施后，机车、车辆作业点由铁路接轨站分别向前、后移至矿区站和铁路区段站，造成矿区站和铁路区段站阶段性能力紧张。例如，谢桥矿站作为与国铁的交接站，担负着 5 个矿的列车到发与车辆交接作业（直通前车辆交接作业在谢桥站进行）。谢桥矿站只有 6 股线路（其中 VI 道为正线，4 道、5 道为装车线，1 道为到发线兼机走线，2 和 3 道为到发线），不能满足日装车计划需求，经常因矿站股道紧张造成阶段性不接车现象。再如，原来在潘集站进行的车辆交接作业下移至淮南西编组站，淮南西站下行场股道运用存在阶段性紧张现象。

（3）空车集中到达不利于直通运输。日常组织中常常采取铁路局分界口排空任务完成后再集中组织配空的模式，一方面容易造成空车集中到达和直通机车运用不足，遇有进矿装车列车临时无直通机车便采用长交路机车担当的方式，机车送到装车站后拔头，打破了直通运输方案。另一方面也容易造成配空车编组质量不高、"SS" 车较多。例如，淮北矿区配空不均衡主要集中在芦岭站和青町站，淮南矿区主要集中在颍上站，配空不均衡、集中到达容易造成空车在装车站等待、排队装车。

（4）自备车和循环车底多，调整难度大。这一问题主要表现在淮南矿务局的潘集和谢桥两站，自备车、循环车底有 38 列之多。由于自备车和循环车装车去向固定、不能调整，遇产量不好时，容易造成矿里车辆积压，直通重车不能按规定时间出重，从而造成直通机车阶段性紧张，影响直通运输兑现率。当自备车底周转速度快时，日常某些其他方向重点装车有时难以保证，需要及时向淮南矿务局增加路用敞车配空，配空难度也相应增大。

（二）对策和措施

1. 加强信息对接

（1）做好日常信息的对接，保证信息畅通。日常需加强调度与矿务局、车站间的相互联系，做好有关信息的对接，保证信息畅通。针对各直通点情况，考虑到谢桥、潘集、芦岭站三个直通点矿多、专用铁道线路长、作业方式多、直通运输组织难度大等因素，需要矿务局每天下午 15 时前将次日谢桥、潘集、芦岭站各矿点的产量、空车需求情况，及时电传给货调重点台和直通台，以便做好次日配空。特别是谢桥、潘集矿煤炭产量不稳定，自备车和循环车底多，空车到达量超过需求量等情况，要及时通报，以便提前决策。

（2）加强调度所内部的统一指挥，提高直通方案兑现率。做好直通运输的目的是提高运输效率，直通运输涉及调度所多个岗位，日常需要加强相互间联系与配合，在值班（副）主任统一指挥下进行工作，并以直通台为主线，随时掌握矿里装车动态，加强相互间联系，组织实施直通计划。要充分发挥直通台作用，做好机车、车流、空车组织等各环节的衔接，重点抓好空车调整，在保证排空的前提下，使配空与装卸车作业点的作业时间、资源条件相符合，均衡配空。

2. 实现均衡运输

（1）对部分矿点均衡配空，提高直通运输效率。由于受排空、产量等因素影响，直通运输全部按方案执行是不可能的，但结合矿点的设备、产量和空车来源情况，提高部分矿点的直通运输兑现率是有条件的。对颍上刘庄矿和沙塘直通点进行均衡配空摸索规律如下：颍上刘庄矿全天配 3~4 列，装 3 列时，夜间 2 点前配 1 列，白天上午 1 列、下午 1 列；装 4 列时，夜间配 2 列、白天配 2 列，并掌握好时间段间隔。沙塘点的配空按配空方案执行，夜间 3 列、白班 2 列。计划台要布置车站首先编组重点规定车次和时刻的空专直达列车；车站在编组重点车次和时刻的直达列车，调选质量良好的空车，禁止编入双 "SS" 车。遇产量不好等情况不能按规定的矿点配空时，可以调整到其他矿点装车。

（2）平衡好机车分布，确保关键车站和区段畅通。计划台要重点关注淮南西编组站的大交路机车情况，保证淮南西编组站上下行不要阶段性严重机车等装，确保淮南矿区空重车出进正常。淮北地区要重点安排好芦岭站、青町站的机车与重车接续，力争均衡配空。芦岭站有条件时安排机车在所接轨的三个矿点进行等装，无条件时送空拉重，以加快机车周转，提高运输效率。对到达芦岭站的配空列车尽量不安排电力机车或大交路机车牵引。若使用长交路机车牵引时，允许电力机车（大交路内燃机）从芦岭站拉重车返回邻近蚌埠东区段站编组。

（3）加大疏通力度，缓解瓶颈运输压力。为保证空车来源，针对不同的矿要采取不同的组织方式，如淮北矿区的朔里矿、朱庄矿等不要进行机车等装，采取送空取重或单机取重；对濉溪的三个矿采取机车等装、送空取重或单机取重，以提高机车使用效率、缓解矿区小运转机车运用不足的局面。针对谢桥矿日常装车量大于方案数，直通（小运转）机车运用不足，遇产量不好时部分列车在矿里更换机车（送空拉重），以加快机车周转、缓解机力紧张的局面。同时因谢桥矿装车量大，淮南矿区小运转机车运用紧张，潘集矿出来的整列到达大通、田家庵站的重车，淮南西编组站可以不更换机车，由淮南矿务局机车直通到卸车站。同时，为缓解淮南西编组站下行场能力紧张状况，对不是装电煤的部分自备车要进行优化编组、减少列对等等。

四、相关建议

（一）完善路企清算办法

提高各方积极性，铁路机车的牵引作业由车站延伸至专用铁路，企业机车也在国铁线路上运行，机务的工作量统计范围已经变化，尽早获得齐全的机务统计资料，便于企业间进行清算，降低机务部门成本支出，提高积极性。同时，为保证空车质量、减少"SS"车的数量，对编组始发的直通方案空车质量要进行考核，以提高车站的积极性。

（二）实施绩效管理和目标评价机制

通过实施绩效管理的目标评价机制并用于路企日常调度管理活动中，对岗位职责范围进行规范，可以明确新的职责划分，协调好相互关系，能激励调度员持续改进并最终实现组织的战略目标，进而挖掘调度人员的能动性，把调度员的智力转换成现场操作的行动，以执行力和协调力的提高来化解运能不足造成的供需矛盾，提升联合调度指挥管理的水平。绩效管理需要深入地细化、量化绩效目标和指标，进行科学的绩效衡量。

（三）做好技术改造规划与实施

直通运输是个整体工程。从长远考虑，在保证铁路信息安全的前提下，需要对实施直通运输的线场设置调度指挥信息系统、货运制票系统、现车管理系统、TDCS调度指挥系统相应端口等路企间技术标准进行统一，以实现运输信息共享和对接，提高企业生产能力与铁路运输能力配置质量，充分发挥直通运输效益；还要加快企业内部线路改造、装车设备改造，全面提高专用铁道线路的允许速度、提高装卸作业效率。

第二节　铁路运输型物流组织的优化

物流化已经成为世界各国铁路货运的发展趋势，对物流的理解应当是以市场为导向的一体化的规划、组织、实施与控制。我国铁路现阶段尽管受到运输能力的制约，物流从整体上发展相对迟缓，但不同货物种类在相关领域向物流转型已有所发展，只是侧重点不同，需要结合我国铁路货运向物流转型过程中的实际情况提出可操作性的措施。

一、国内外铁路物流发展概况

德国、美国和日本等国家的发展经验值得借鉴。德国铁路已从单一铁路货运服务提供者向为客户提供物流整体运输解决方案的方向转变。目前快速列车数占货物列车数的5.5%，最高时速为160km/h，德国货运公司设置客户服务中心，内设客户服务、运力配置、数据处理、信息交换、商务、财务等部门，集中受理客户物流需求，并为客户提供全程服务。客户服务中心根据客户预定货车车辆和列车运行线，提供装载加固方面的咨询，并通过电话、传真、电子邮件等受理订单，客户还可查询实时运输信息；美国铁路开发了高效的信息系统，设立用户服务中心，将请求车处理、运输计划安排、列车运行路径选择等一系列运输技术问题处理和决策集中于一体，通过中心与运输现场之间的数据交换和信息共享，使用户在办理货物托运手续时就能知晓到货日期等信息；注重长途大宗货物运输和高附加值物流列车开行直达组织；还考虑一列集装箱货物列车相当于280辆公路卡车的运量，但集装箱货源受分布零散限制因素制约，必须要通过物流系统精心组织；日本铁路适应货物需求的波动，运输计划具有灵活性，其计算机系统可根据基本计划和波动计划的信息将次日、第三日的运行列车车辆运用等数据传达到各个业务终端。

（一）功能分析

我国物流与采购联合会将物流定义为"物品从供应地向接受地的实体流动过程"。根据实际需要，将运输、储存、装卸、搬运、包装、流通加工、配送、信息处理等基本功能实现有机结合。进一步从这八大功能分析物流组织，运输和储存是最重要的功能，装卸和搬运必不可少，流通加工是增值最高的功能，配送则对物流发展至关重要，信息加工是现代物流的主要标志。目前，除流通加工在我国铁路还很少涉及外，不同种类的货物在物流功能方面有了初步的发展。为了进一步发展我国铁路物流，需要借鉴国外铁路成熟的经验不断优化改进，形成我国铁路特色的物流。

（二）发展思路

可以从功能上将铁路物流划分为运输型物流、仓储型物流和综合型物流。运输型物流组织是整个物流运输链中一个重要环节，其活动本身直接创造了商品的时间空间价值，是具有铁路特色的物流组织。货物运输直达化是衡量铁路运输组织水平的重要标志之一，也是提高货运组织效率的重要途径。我国铁路货运直达改革已经进入实质阶段。发展运输型总的原则应以全面提高货物送达速度为核心，这就要求铁路运输型物流的发展要与始发直达运输组织相结合。考虑到不同的货物种类速度要求又有很大的不同，因此要通过全面分析提出进一步优化运输型物流总的原则应以全面提高货物送达速度为核心，这就要求铁路运输型物流的发展要有相关对策和措施。

二、大宗性货物直达列车组织的相关对策

大宗性货物是铁路货物运输的主体部分。2007 年度，18 个铁路局大宗性货物整体直达运输兑现率达到 90% 以上，而且已经开始实施大客户战略，并相应建立了信息管理系统，可以说是该物流种类的发展方向。

（一）进一步优化煤炭始发直达列车组织

1. 加大货运资源整合力度

进一步从货流控制入手，以车流、货流一体化为主要目标，将车流组织前移至货源组织、货运组织以成组装车为主要控制源点的方向进行货运资源整合。受目前企业整体装卸能力限制，应进一步整合货位和专用线的管理模式达到集中办理的需要。例如，对同一接轨站每次作业车少而且装卸作业点分散的专用线可进行作业地点整合；对同一枢纽地区的专用线，可按到发品类进行整合，将到发品类和装卸作业相近的集中办理，加大一次作业车数等。

2. 发展直通运输形式

（1）增加硬件投入。路企直通运输是从扩大运力供应、缓解瓶颈制约出发，通过适应性技术改造和运输组织优化等措施，实现本务机车在国铁与"厂、矿、港"及合资、地方铁路间的直入直出、运输作业全过程贯通和结合部的无缝衔接。该方式是优化大客户的运输流程、促进现代物流业发展的实践之举。要把国铁大联动机的组织模式拓展到

企业内部的铁路运输上，需要提高矿区等企业线路信号条件，提高装卸机械等设备以确保装卸效率，实现信息系统的对接和共享等等。同时，为便于掌握战略装车点、大型企业列车动态和车辆分布、使用状况，需增设 ATIS 信息采集设备和 AEI 车辆实时追踪系统。目前上海铁路局 10 个局界口和管内 14 个支点、芦潮港已安装 ATIS、AEI 设备，马鞍山钢铁厂已有计划安装。建议在濉溪、青龙山、青町、谢桥、潘集西、芦岭、北仑公司等路企直通分界点和宝钢、淮张线、南何支线等大企业、公司、港口分界点增设 ATIS、AEI 设备。

（2）强化联合调度模式。应不断完善健全路企直通后的调度联合办公模式，在组织形式、调度指挥、信息共享等方面不断进行优化。例如，为确保始发直达列车的兑现率，需要严格规范装车去向。要求矿区企业在每日 10：00 前提报的次日直通运输计划时严格按照同一到站和同一去向，调度相应设置参数修改货运承认，优先按照同一到站和同一去向审批各矿点承认车，在日常运输中确保计划的兑现，并按此计划编制日班计划。临时遇有重点客户告急，根据车流和车源等情况调整前必须事先告知需要调整的矿点装车计划。另外，还需要企业生产同铁路运输、货源同车流、机车动力同空重车列紧密衔接，需要协调车、机、辆、货等岗位协同动作，加快机辆周转，同时要避免沟通不畅、信息失真、等机待线、待取待送等脱节现象。

（二）水泥、矿粉等始发直达组织措施

水泥、矿粉等直达运输组织一般为短途始发直达。首先应在通过能力上给予保证，即在计划单列、车流调整、径路安排上应给以优先考虑。例如，为进一步扩大浙江铁路水泥运量，列车运行图安排贺村—洪塘乡装车地直达列车 1 列，其开行方案运行时刻和回空点线都已在列车运行图上安排。编组内容为洪塘乡及其以远，编组要求为基本组 U 形散罐车 24 辆，其他以集装箱车或棚车补轴，基本组整列回送，车底循环使用。从实践看，因浙赣线动车组和高等级的旅客列车较多，挤占通过能力，回送空车点线不能按图定时刻运行，需要进一步优化图定点线，摸索加速车辆周转的适应时刻，确保按图行车。再如，在萧甬线北仑站矿粉整列开行上，调度能够按照提报的次日请求车计划核实后全部批准装车。在运输组织上在配空、机车交路、运行调整上给予优先。但存在着不能装车的空车走行浪费的现象，需要采取相关措施：一是萧甬线中间站往洪塘乡—北仑去向的空车，若技术状态不良，不准下挂，应往杭州北方向上行挂，以便杭州北车辆段维修；二是洪塘乡编组站和北仑站要统一技术状态不良条件标准，加强检车质量，北仑站若发现中侧门无销等毛病，能够处理的，就地处理，以满足装车需要。

（三）寻求并规划新的经济增长点

始发直达的经济增长点需要不断完善和开创。例如，安徽省凤阳地区石英砂产量大，货源稳定，需建立凤阳站石英砂运输基地。考虑到凤阳站与蚌埠东站相距 16km，从蚌埠东站配送空车便捷、编组挂运及时、车辆周转效率高。但凤阳站没有调机，车辆取送由摘挂列车本务机车担当，空车配送不方便；生产企业短驳至凤阳站无须经过公路收费站，成本相对较低。在运能充分满足的条件下，生产企业倾向于从凤阳站运输。故设计规划如下：一是对凤阳站货场进行适当改造，形成一次 35~40 车位的作业能力，满足整列始发装车的要求。同时发挥蚌埠东站既有设施的作用，作为石英砂的辅助装车站。二是蚌埠东—凤阳间开行小运转列车，负责凤阳站按去向装车的车辆定期取送，开行至蚌埠东的石英砂专列。再如，百善物流基地通过近期和远期的粮食类大宗（主要是大豆）货物需求量预测，通过货场能力改造，并考虑季节性的大豆仓储，将逐步形成具有仓储功能的运输型物流。在装车去向上要按同一去向掌握，同时确保配空的棚车数量和时机，加强始发直达粮食专列的组织。上述物流基地发展成熟后要成为新经济增长点的示范基地。

（四）高附加值货物运输组织

高附加值货物货主对货物送达速度和准时性要求越来越高，应针对五定班列、行邮行包专列等高附加值运输组织过程中出现的突出问题提出解决方案。

1. 五定班列直达运输组织的相关对策

五定班列是铁路的运输精品，必须做优、做大，充分发展其精品效应。作为上海局优质品牌产品，其开行量已占全路 40% 左右。在运输组织过程中，为进一步提高五定班列开行的效率，就要充分利用良好的路网通达环境并充分发挥编组站的功能。编组站是运输网络上的关键节点，路网整体效能发挥需要编组站相互配合、相互协调，而不能孤立地对个别区段、枢纽解决。要按照不同编组站在路网中所处的位置，分配组流、分流功能。例如，沪宁线南翔编组站已成为"五定班列"（现已有昆明东、成都东等 6 个方向）、P、N 车等精品列流集结基地。再从地理位置上看，芜湖东站与阜阳北、乔司、南昌局鹰潭等编组站距离适中，有利于发展机车长大交路，解决交路的续乘问题，而且当路网能力紧张时芜湖东站将起到调节路网的平衡作用，从整体上提高五定班列的运输效率。

2. 消除行包专列惯性晚点的现象

目前行包专列惯性晚点现象比较明显。例如 X26 次（柯桥—成都西）合计 22 辆（成都西 15 辆、西安东 3 辆、郑州北 4 辆），始发站柯桥，出发编组为郑州北 2 辆、成都西 7 辆、西安东 2 辆；中途停留站为乔司编组站（挂成都西 6 辆、郑州 1 辆、西安东 1 辆）、上海西站（挂成都西 2 辆）、无锡南站（挂郑州北 1 辆）。通过某月 20 晚点分析看，X26 正点交出路局分界口仅 3 天，占 7%；晚点 1h 以内的占 27%；晚点 1~2h 的占 24%，晚点 2h 以上的占 42%。分析原因如下：一是 X25 次接入晚点多经常造成乔司编组站集结空车不足，空车周转紧张影响送空；二是因义乌站货场行包车装车等货源情况比较严重，货场出车晚点多，造成乔司站集流列车 33012 次等流，17：10 后开车的占 81%（晚开 1h30min 以上）；三是乔司站行包编组上峰作业后晚开运行时刻多在 T32 次后，到上海西站要晚 1h 左右。此时，X102（行邮专列，比照特快列车办理）、X26、X34 集中到达该站，调机作业紧张。按图定时刻，上海西站办理 X26 作业在 X102 之前，但 X26 的晚点使上海西站优先安排 X102 次的取送车作业。应按照供应链组织原则来精心组织行包专列，引进准时供应制（JIT）的运作理念，牢牢把握集结时间节点和数量以及运行时刻进行模块化管理，这方面需要进一步摸索规律。

（五）逐步抓好时效性列车的开行组织

随着产业结构的调整，制造业的比重将下降，企业向"空间化"和"虚拟化"转变，各类小商品批发市场、工业园区和物流基地建设速度加快，货运产品结构向轻、薄、小的方向发展，货源具有运价高、批量小、时效性强等特点。这些对运输的时效性提出了较高的要求，体现在商品的时间和地点效用上能够确保客户在需要的时候能方便地获取商品。在这种条件下，铁路物流组织应反映客户快速、个性化的市场需求，使客户能在适当的地点和时间获取适当的货物，这就要推出铁路运输实效性的物流产品，即体现铁路参与物流竞争力的产品，这种产品也最能适应有效应用快速反应理念，从而创造铁路营销的优势。鉴于铁路系统目前运输能力的不足，发展时效性列车组织确实存在着困难，但随着客货分线后，应重点发展此类时效性列车。实际上，目前在既有线应急物资运输组织过程中，实效性运输已有先例。可以逐层深入，先通过采用中心站到中心站快速物流列车时刻表的形式向社会公布。若货主有需求，采取调度机车或小运转机车迅速通过最短径路将货流以最短的时间移至某始发中心站，再以直达的形式快速移动到终到中心站，然后再次利用调度机车和小运转机车迅速移动到目的地。可见，时效性物流列车形式包括一站直达、梯阶式直达、混合式、中心站集结、分散式等，要科学设计机车交路、列车运行线的安排等，要通过无缝链接计划组织和协调等方式进行相关优化。而且，当某地需要某种类的空车时，需要采取紧急空车或空箱调配方案，迅速将所需车种调配到装车站以满足运输需求。同时，要采用先进手段进行需求预测，包括不规律需求和规律性需求等方面，充分考虑需求的空间和时间特征、需求波动的幅度和随机程度。

（六）开发适应的信息系统

信息管理是现代物流管理的核心和基础，物流系统数据库最大的特点是动态性和共享性，运输组织需要信息化技术提供精细化。要高度重视数据的价值，首先要设立客户服务和调度中心，对物流系统和各种信息进行采集、处理、传输、统计和报告，还要深层次加以综合利用。同时，按照客户关系管理的原理，实现对客户"一对一"营销，构建整合、动态、实时的货运营销综合数据平台，真正体现客户服务是真正驱动供应链物流的动力，即将恰当的产品在恰当的时候以恰当的数量及无货损和货差送达到客户，这也是物流系统的原理。还要重视信息技术在物流服务中的应用，简化货运办理手续，突出客户需求导向，逐步实现从订单接收者向指导解决方案提供方向转变，为客户提供个性化的物流服务。技术信息越发达，也越来越强调物流分析，需要针对不同种类的物流由事务性分析向决策分析发展，尤其是货物送达时间也相应转变为从货主交货到收货人取货的整个货物送达时间进。

第三节　服务货改条件下调度运输组织对策

铁路实施货运组织改革（以下简称货改），总体思路是要利用好铁路运输公共资源，公平、公开、公正地服务社会，货运组织由内部生产型向市场需求导向型转变。根据铁路总公司全面实施货运组织改革战略部署，上海铁路局按照"前店后厂"模式构建货运市场营销、生产组织和经营管理体系，其中新建营销体系采取货运营销中心—地区货运中心的管理模式。上海铁路局调度所主要承担"后厂"的生产组织管理职能，目前已成为货改后三种体系焦点的集中体现。为充分发挥调度所在货改中龙头指挥作用，迫切需要根据调度相关作业发生的新变化，深入分析存在的新问题，提出服务货改在运输组织方面的对策，提高调度工作质量，确保货改真正取得成效，进一步推动铁路货运走向现代化、市场化和集约化。

一、服务货改调度相关作业发生的新变化

（一）运输组织原则发生根本性转变

调度运输组织原则从过去依靠计划组织运输、运输市场服从运输计划的生产模式，相应转变为根据市场需求组织运输：要及时根据"前店"市场营销和受理情况，按照敞开收货、实货组织装车、随到随运的运输组织方式，以满足实货运输需求，实现运输效

率和效益最大化，更好地为客户提供优质的运输服务。

（二）调度各工种工作流程需要优化

铁路通过货运电子商务平台面向全社会敞开自动受理客户的货物运输需求，实现了运输信息的快速流通和共享，调度可以充分利用提前预知未来运输需求信息，为优化日常货运工作计划、列车工作计划、机车工作计划和施工日计划提供可靠依据，通过对需求信息的再加工再处理，更好地指导值班主任、货调、计划、机车、行车等工种调度开展工作，提前做好铁路运力资源合理调配，提高运输组织效率。

（三）调度日班和货运计划编制发生变化

货物受理需求统一归口至95306货运电子商务平台，调度所货运调度要根据平台汇总的货运需求订单信息认真编制货运日计划，相关货运调度岗位作业流程随之发生变化，并要掌握后10日货运需求情况，预知未来铁路局管内货运发送情况。根据货运后10日运输需求信息，为提前安排运力，调度日班计划编制总体思路相应转变为"10日预想、5日预编、前日核定、当日执行"，最终实现货运"一日一图"。

（四）铁路货运组织方式实现了多样化

铁路货物运输种类分为整车、零担和集装箱。上海铁路局自2000年起不办理零担运输，但随着物流市场变化，快递业务兴起，铁路不办零担运输失去了很大一块市场。为实现整车、零担和集装箱站到站运输，按照货运实际需求，组成不同种类货物列车运输方式均为铁路货运产品，货运产品实现多样化。

二、服务货改调度相关作业带来的新课题

（一）"结合部"管理方面易出现问题

货改后，车站和货运部门由原来的上下级关系转变为"兄弟"关系，出现了车站或车务段与货运中心间的"结合部"，生产组织环节增加，原来班组之间的联劳协作转变为各自为政的配合，为了各自的利益，各自为政自然会产生影响效率和安全的问题，联系不彻底，易出现内耗。例如，相关作业在"结合部"受阻后，车站和货运中心都各自向调度汇报，调度指挥掌握的配空、取送、对货位等情况不够及时，装车与卸车对接不紧密等，造成调度工作滞后，致使部分列车不能按运行图开行，"百千"列车组织困难，给品牌列车的兑现带来一定难度。

（二）阶段性装卸能力不足问题凸显

这主要表现在以下方面：一是敞开装车后，客户申请空车量加大，受货运中心装车

能力不足限制，时常造成部分车站空车不能按时装车等问题，特别是空车集中到达时，给车站运输秩序造成影响，增大了车站"停时"；二是货物集中达到时，部分车站货运组织卸车能力不足，车站不能在第一时间掌握现场卸车情况，不能及时有效地根据货物到达目的地将货车分流至其他卸车点，造成车站运输组织被动，影响装卸车进度和运输效率。

（三）客户临时配空需求难度大

货改后，实行实货制，针对部分中间站的客户提出的临时配空需求，要求随到随装，时效性极强，相应配空要求高，受配空时机影响，有时因动力不足，有的车站配空难度较大；有时为适应市场，部分车站对装车车种有要求，造成调度计划台配空后，车站有的车能装、有的车不用等等。

三、适应货改调度运输组织的思路和相关对策

面对货改后出现的新变化和新问题，围绕运输组织原则的根本性转变，调度所要全力为铁路货运提供运输组织保障，这就要求在利用信息技术平台的基础上，首先要根据新变化优化相关作业流程，强化货运计划和日班计划编制管理工作，做好运力与实货的对接，并要实现相关信息的共享、透明、公开；同时，要统筹兼顾地解决结合部管理问题，除调度所内部各工种加强工作联系外，要与货运营销中心等部门，处理好货源对接及运输能力平衡的关系；与车站和地区货运中心，要针对货改后有关的行车、货运等具体工作，努力提高运输效率和效益；还要在具体调度指挥执行过程中，加强快运货运班列等重点列车运行组织工作，确保实货运到期限。

（一）调度各工种流程的优化设计

（1）货物请求车审核调度台作业优化。首先，编制铁路局次日货运日计划大纲。依据总公司下达的次日轮廓计划（包括到局别使用车数、限制口及限制局的使用车数和重点要求）、调度命令及次日订单需求、运用车分布、重点任务、合署办公会的集体意见和上级要求编制。其次，根据计划大纲要求、日班计划和实际运输情况，通过货运日班计划自动确认系统确认次日装车日计划条件，对全部条件进行审核、保存，在"运货五"中落成装车日计划，并及时下达，写入"电子商务系统"，公示给客户。

（2）日勤货运调度台作业优化。每日11：00前通过货运电子系统提取确认客户货运装车去向订舱信息，从系统中读取次日及后10天的"去向（产品）订舱"信息，并确认锁定。按日历别编制《装车预订配空需求表》（运调货-1）、《货运去向订舱日况表》（运调货-2）、《上海局订舱装车去向表》（运调货-3），完成后及时在调度所网站货运平台公

布，便于班组值班主任（副）、计划调度员调取，及时完成空车配送任务和提前调整车流。每日 16：00 前要将当日货运电子商务订舱装车落空情况及原因传真至 95306 客服中心。

（3）当班货运调度装车台作业优化。及时通过调度所网站"货运工作平台"查询本台当日订舱需求信息、配空计划，对产品、现车订舱的装车，逐站逐车掌握货源、配空动态（内容包括已装、待装、上道待装、待上道、卸车利用、配空计划），督促车站优先安排，缺空车要及时与有关计划台联系配空。加强装车进度及落空原因分析，做到交班清楚，夜班下班前将货源、配空动态和装车进度书面向货调主任（副）汇报；日班下班前，将落空原因书面向货调主任（副）和货运日计划分析调度汇报。

（二）合理编制货运日计划

（1）在计划审批上要满足实货需求。货运日计划编制要体现满足实货运输、重点优先、公开公正并注重效率的原则。根据铁路货运现行运输受理方式汇总的货运需求信息认真编制货运日计划，优化编制货运日计划流程，使其符合货改后实货需求需要。在审批过程中，坚持货运日计划计算机自动审批的优先级顺序：重点物资、零散白货、旬日装车方案、大宗稳定物质、其他订车等，分门别类地做好各种类货运需求计划编制工作。遇有人工调整时，需要集体决策，并留有痕迹。纳入货运计划的订车，需要安排补装时，在次日编制货运日计划时优先安排。

（2）在运力与实货上实现对接。在编制日计划前，要掌握日交班工作重点、管内运输情况、总公司生产要求等，并协商解决次日运输重点要求、能力调整要求、客户补运建议等事项，与货运营销中心联合召开合署办公会，达成集体意见，制订对客户运输需求的落实方案。同时，针对货运实际需求及装运情况，发现问题及时上报处理，并将快运班列、城际货运快线、零散白货等装卸车及运行情况纳入每日运输交班会内容，发现问题及时解决。

（3）做到客户信息公正、公开。货运日计划编制落成后，要将相关信息及时通知客服人员并在电子商务平台公布。由于自然灾害、施工及限制去向等因素，超过通过能力、接卸能力等，铁路总公司发布调度命令，也要在路局电子商务平台上予以解释，以提示客户及时提报有效的货运订单。特别针对零散"白货"订单要重点掌握给予兑现，重点掌握落空原因，并将信息及时通知客服人员反馈给客户。还要对电子商务承诺没有兑现的，要研究补救措施，联系货运营销中心客服或站段、货运中心进行有关情况反馈。

（三）加强车流预推工作，提高计划的兑现率

根据调度日班计划编制的总体思路，按照调度精细、高效的要求，必须强化车流推算，科学合理地编制调度日班计划，并全力组织兑现。

1. 提高列车工作计划预编制质量

首先根据货运电子商务订舱信息预推算上海铁路局未来 10 天内的车流情况，目前主要以本局电子商务订舱装车产生重车流预推算，及时提供给欲成立的计划预编调度台（因信息系统尚在完善，功能不具备，目前已安排计划人员结合现有的信息系统开展此项工作），有预见性地预编制列车开行计划，重点是预推算管内重车流去向和了解未来几天的管内空车走向调整，即"10 日预想"。计划预编台每日通过货运工作平台依据货调公布的次日装车确认车、订舱所需空车（包括车种）及后 5 天的网上订舱信息，及时预编制配空计划、预编制次日起 5 日内管内列车开行计划，并上网公布，即"5 日预编"。待列车工作计划预编系统建立后，系统可自动预编列车开行轮廓计划，并下达到车站确认，因车站系统欠缺不能直接下达到车站或到规定时间车站仍未确认的，由预编计划调度员通过与相关站段对接确认，次日所有开车线条经确认后形成正式开车计划，即日班计划"一日一图"。

2. 提高日班计划兑现率

调度日班计划是全局客货运输组织行动计划，由货运工作日计划、列车工作日计划、机车工作日计划和施工日计划四个部分组成，货运工作计划是基础，列车工作计划是关键，机车工作计划是保障，施工日计划是协调利用运能有序保证运输设备的新建、维修、保养作业。计划调度是编制列车工作计划和协调组织计划兑现的关键岗位，上海铁路局调度所提出优化编制调度日班计划思路是"10 日预想、5 日预编、前日核定、当日执行"，最终实现全局计划"一日一图"。

（1）计划调度室车流台作业优化。根据货运电子商务订舱信息预推算铁路局未来 10 天内的车流情况（外局接入车流信息暂不能获取，主要以本局电子商务订舱装车产生重车流预推算，待全部车流信息均能够获取时，可全面预推算车流），及时提供给计划预编调度台，以便有预见性地预编制列车开行计划，进一步提高日班计划预编制质量，即"10 日预想"。

（2）建立计划预编调度台。每天通过调度所网站货运工作平台依据货调公布的次日装车确认车、订舱所需空车（包括车种）及后 5 天的网上订舱信息，及时预编制配空计划、预编制次日起 5 日内管内列车开行计划（外局接入车流信息暂不能获取，主要以本局配空车流及装车产生重车流预编制列车开行计划，待全部车流信息均能够预测时，计划可全面预编制），并上网公布，即"5 日预编"。

（3）各计划调度台作业优化。计划台在班中要加强与现场联系，认真做好管内空车调整，满足日常装车的需求，依据网上预编制配空计划，及时组织落实，按照"卸空利用、就近配空、兼顾效率"的原则，将装车所需空车按车种、车数及时配置到装车地点；特别注意产品订舱、零散白货装车配空和中间小站的订舱装车配空，遇配空不足等问题要及时向值班主任（副）或计划室汇报处理。对产品列车和城际货运快线列车开行要重点掌握，特别对普通快运班列有订舱就得组织开行，不得运休，始发站必须严格按方案规定内容进行编组，必须组织按规定径路运行，遇特殊情况必须迂回时，由总公司以调度命令批准；同时，对中间站重车也要及时组织挂运，即"当日执行"。

（四）统筹兼顾地解决结合部问题

1. 加强工作协调联系

（1）规范货运中心与调度所工作联系机制。调度所及时组织召开由各货运中心分管领导、生产调度科负责人和调度所有关人员参加的两级调度工作协调会，明确相关工作，提出具体要求，并形成会议纪要对照落实。同时，积极协调处理现场行车与货运组织等结合部之间暴露的矛盾，对典型问题及时予以通报并督促整改。通过全体调度人员和运输站段的共同努力，保持货运组织改革过渡期运输安全、平稳有序。

（2）加强调度各工种、调度与现场信息沟通，实时、动态地掌握各站卸车进度、车种车型、出车时机及在途空车情况，准确掌握卸后利用、到后利用等信息，组织好车种代用，以便为实货运输提供空车保障。

（3）对中间站产生的实货装车，调度各岗位加强信息沟通，按阶段收取现场信息，动态掌握中间站装车进度，及时安排好计划组织摘挂、小运转列车挂车，灵活采取大站兼顾小站、调机兼顾周边中间站等方法，合理安排中间站重空车辆取送、挂运和调车对位。

2. 强化调度岗位协调管理

这主要体现在调度所货运、计划和机车调度岗位。

（1）在调度所内部岗位协调上，强调货运调度员要及时通过调度所网站货运工作平台查询本台订舱需求信息、配空计划，认真掌握订舱装车货源情况，加强与有关计划台联系，随时掌握空车配置动态，盯控车站安排装车；同时，货运分析调度员认真做好货运电子商务网上办理情况分析和装车不兑现情况及原因分析，特别是对核定订舱装车及零散白货装车不兑现情况要重点分析，因配空不到位造成装车不兑现情况信息，要及时向计划调度室提供，以便进一步分析。

（2）计划调度员对当日各站订舱配空情况及产品列车、城际货运快线列车开行情况进行督促与检查，并做好与相关调度室的协调配合，提前对后几天订舱所需空车进行谋划，对主观原因造成订舱装车不兑现或不能按计划挂运和开行的，对照考核典库严格考核。

（3）计划、机车调度员要根据列车运行情况和阶段调整计划，做好机车运用调整工作，动态掌握在途列车运行情况，当发生机车、机班衔接不上时，要及时采取措施，加速放行机车，保证机列衔接，为实货制运输提供动力保障。

（五）重点突出快运货物班列的运行组织

1. 掌握货运产品品牌

快运货物班列是货改后的品牌运输产品，必须重点掌握。按照货运营销部门（"前店"）根据市场实际需求确定货运产品列车开行方案，全力以赴组织兑现，为"前店"营销打基础。

（1）以白货、高附加值货物为主的"百千"产品列车开行。按照上海铁路局已开行2对行邮特快、始发5列行包快运列车和19列五定班列方案，兑现每天实际需求，努力提高开行兑现率。

（2）以大宗稳定货物为主的"千列"直达货物班列开行。按照跨局直达货物列车和管内直达货物列车"千列"开行方案，全力提供运输保障，提高兑现率。

（3）重视管内城际货运快线列车开行。目前上海铁路局城际货运快线有3条线，即北郊—合肥北、合肥北—北郊、宁波北—北郊。合肥北至北郊管内行包列车1Xt。调度所每天作为重点，管控每一个环节，保证列车按方案组织兑现。

2. 办理组织要求

（1）提高列车调度员按图行车意识，加强3~4h列车运行调整，努力组织客货列车按图运行，重点加强对快运班列、城际货运快线列车和相关方案列车的开行组织，安排专人盯控，确保安全正点运行。遇有列车晚点、会让等运行调整时，积极采取措施恢复正点。

（2）在加强机列、机班紧密衔接的基础上，列车调度员要加强与车站值班员的沟通与联系，提前布置好开车前的各项准备工作，确保列车按点开出，按图运行，并及时将到发车次、股道、时刻、编组辆数等信息通知货运人员。

（3）对快运班列按以下标准组织行车指挥：特快班列（行邮专列）按低于时速160km的特快客车、高于时速140km的特快客车掌握；快速班列（行包专列）按低于普快客车、高于普通旅客慢车掌握；普快班列（五定班列）按低于普通旅客列车、高于普通货物列车掌握。

（4）快运班列等方案列车在途中因危及行车安全等特殊情况发生甩车时，对甩下的车辆信息要及时通报相关运输、车辆等部门处理，并作为交班注意事项重点交班，保证故障甩车尽快处理，及时挂运上线。

四、相关建议

货改后，铁路运输调度信息化建设必须加快跟进，从而调动货物运输组织的变革。从调度的层面来说，就要抓紧建立计划预编系统，实现铁路局之间相互交接计划，完善现行调度日班计划编制系统，最终实现货运列车工作计划"一日一图"，为货改提供强有力的技术支撑。

（一）提升信息化在铁路货运改革中的决策力

在当前的运输生产经营过程中，主要表现为不能够正确反映现场装车的车型需求，不能够实时反映车站装卸车的状态，不能客观地反映与各货运中心的运输需求。信息化的建设是企业率先发展的重要环节，信息化正深刻改变着企业的管理方式。信息技术逐渐成为现代物流管理的生命线，以网络技术搭建的信息平台允许管理人员对整条供应链进行全程监控，实时保证供应链的顺畅和物流的安全。信息平台的建设还能对市场做出快速反应，能够为企业提供个性化和快捷的增值服务，降低企业运营成本。铁路现有的IT架构，其资源利用效率较低，需要改进。

（二）提高调度部门的组织协调能力和创新能力

"实货"是铁路编制运输计划、组织日常生产的依据，也是铁路市场化改革中的重要环节，调度人员务必精心组织，坚决做到计划服从市场，运输能力满足市场需求。在全面落实依据"实货"及运单编制的日班计划的同时，应及时、均衡、合理地组织空车调配，装好车后的快速挂运。在调度班组、个人之间引入竞争机制，以运输效率的优劣为依据，对没有及时按需求调配空车、装好的重车在站停留时间长、组织协调能力差的调度人员进行考核，优胜劣汰。对班与班之间计划衔接合理、组织得力的调度人员进行奖励。从而不断优化运输组织，统筹安排运力资源，加速机车、车辆周转，确保年度周转时间的完成，科学合理地增加经济效益。制定公开透明的运力配置办法，在实行计算机自动办理的同时，公示运力配置办法和配置结果，主动接受社会和客户的监督。

第四节　编组站快运货物列车组织优化

在国家经济结构调整、产业转型升级、节能减排力度加大的形势下，全社会对传统资源、能源的依赖程度逐渐降低，大宗货物运输的铁路运量总体呈现下降趋势，白货市场却发展迅猛。为进一步拓宽白货市场，铁路逐渐向现代物流发展转型，中国铁路总公司为进一步提升应对市场变化的适应能力，同时充分展示铁路全天候、大运力、低运价、节能环保的运输特征，通过"前店"营销、"后厂"组织方式组织开行快运货物列车。"前店"主要针对扩大白货运输比例展开主动营销，以适应白货种类繁多、运输要求高等特点；"后厂"车站组织特别是编组站作业组织主要适应货物列车开行多元化、差异化、个性化的货主需求，为占领货运市场提供有效保障。编组站的功能定位已经发生转变，新的要求和标准促使编组站传统的作业组织流程发生了颠覆性的变革。以上海铁路局管内承担快运货物列车服务的主要编组站为例，其对面临的技术难题，提出编组站作业组织的优化对策，为提高编组站运输组织能力提供辅助决策。

一、快运货物列车现状及特点

（一）快运货物品类

为扩大白货市场，中国铁路总公司将批量快运货物范围由原 108 类小品类批量零散快运货物（以下简称"小品类货物"）扩大至 152 类。152 个白货品类为《铁路货物运输品名检查表》中塑料制品、日用化工品、金属制品、工业机械、日用电器、果蔬、饮食品、纺织品、纸制品、文教用品、医药品等，上述小品类快捷货物具有以下特点。

（1）电子电气类。其有以下特点：更新换代速度快、生命周期短、时效性强、对市场变化敏感度高、市场竞争激烈、物流成本占总成本比例大等。

（2）汽车及机械配件类。大部分机械制造企业实行按订单生产，要求零配件实行准时性配送，对时效性和安全性要求较高。

（3）日用品类。日用品类有产品品种多、需求量大，但一般体积小、质量轻、价格浮动小等特点。

（4）医药保健类。该类产品具有严格的温度、湿度控制要求，整个运输过程对安全可靠性要求高，需要专门的设施设备。

（二）快运货物列车种类

中国铁路总公司通过对货物列车种类进行调整与细化，修订后《列车车次编排规定》规定的货物列车种类有 12 项 15 类，其中快运货物列车如下：

（1）快速货物班列（最高运行速度 120km/h，使用 PB 型、P65 型车体，固定编组）。

（2）快运货物列车（最高运行速度 120km/h，划分为直通、管内，其中局管内为固定编组）。

（3）中欧、中亚集装箱班列及铁水联运班列（其中中欧、中亚集装箱班列最高运行速度为 120km/h）。

（4）普快货物班列（普通货车标尺）。

铁路总公司选定全路 40 个编组站组织小品类快运货物列车开行。上海铁路局徐州北、南京东、芜湖东站作为其中之一，针对"前店"提出的货主需求，通过精心组织、优化作业流程，确保小品类列车优质高效开行。

（三）快运货物列车作业特点

（1）列车编组方式精细化。编组站始发编组依据《货物列车编组计划》及车站实际划定车流去向号（以下简称"组号"），根据组号确定出发列车的车流、方向、长度、质量等。编组方式与传统普通货物列车有所区别，如：直通快运货物列车按到局、站顺成组编组方式；小品类快运货物远程直达车流按特定车流范围编组方式；中亚及普通班列按固定到站及特定径路编组方式。

（2）服务承诺时效性高。对编组站而言，时效性不再是效率指标概念，而是达到兑现"前店"营销承诺、全面达到现代物流企业标准的基本要求。编组站应将传统以车流集结满足列车编组长度、质量后编组列车的模式转变为：用快速、准时的快运货物列车要求，将始发时刻、货车停留时刻作为编组列车的前提，既解决快速问题，还应满足准时性等诸多需求。

（3）快运车辆属性标准高。在快运货物列车开行带来货物列车等级化、列车运行速度差异化的同时，对货车车辆属性也提出严格要求。运行速度 120km/h 的快运货物列车，装车所用货车必须选用 PB 型、P65 型或其他提速改造型车辆，并且装车前车辆部门应比照循环列车要求，重点检查车辆属性是否符合运行速度的要求。

（4）快运货物车辆调车限制多。由于快运货物多为零散、轻泡货物，采取零担等方式运输，受货物体积、形状、质量等限制对装载加固提出更高要求。同时，为确保货物安全，对调车作业增加禁止溜放的限制。编组站以往主要办理"有调"改编列车，驼峰以溜放作业为主，但随着白货上量，改编列车基本为编挂禁止溜放车辆组成，增加作业难度和安全风险系数。

二、编组站作业现状及存在问题分析

编组站作业呈现精细化、复杂化等特点，主要存在以下问题。

（一）分类线运用紧张

（1）分类线数量不足。徐州北站需要开行 6 个方向小品类快运货物列车，其中上行 5 个、下行 1 个。上行编组场 28 股道，组号 23 个，加上 5 个小品类列车车流，达到 28 个组号；下行编组场 28 股道，27 个组号，加上 1 个小品类列车车流，达到 28 个组号，股道分类线运用相当紧张；南京东站未开行快运货物列车前组号及空车等多达 60 个，为满足开行快运货物列车至少需要增加 13 个组号，目前南京东站调车场仅 32 股分类线，组号已经严重不足。

（2）日常运输组织临时变化多。徐州北站日常运输要组织墟沟北、连云港站装一站直达车流，由于其自身能力有限，达不到编组方案要求，在站集结待发，股道占用时间长，而且受不同时期停限交车流、待验军用车及站修、段修车均在上行集结影响，编组场各分类线始终处于紧张状态；南京东站在日常组织中受车流不均衡等影响，常伴有单方向、车种车流积压或过少，以及组号划分过细而无车流强度支撑，造成车流不足无法编组列车，加剧分类线运用难的局面。

（3）空车要求精细编组。芜湖东站每日集结 C60 系列空敞车 2 列，车次循环开行 84772/84780 次交叶集站分界口，造成原无调中转的皖赣线（芜湖—贵溪）、芜铜线（芜湖—铜陵）上行整列空敞车进站到达场解体后重新改编，平均需要解体 3~4 列整列空车才能编组出 1 列 C60 系列空车，增加分类线运用困难。

（二）阶段性调车机车能力不足

（1）机车动力阶段性不足。在快运货物列车始发时间相对集中时段，如徐州北站 20：00 ~ 22：00，由于列车编组作业要求高造成编组列车时间长、集中出发编组压力大等造成阶段性调车机车运用紧张。

（2）调车机车时段性作业时间延长。由于编组站禁溜车辆增多，增加驼峰取送作业次数及时间，同时由于直通快运货物列车应按照到局站顺成组，编组调车机车平面调车的溜放作业也受到限制，改为送车方式，这对编组站调车机车能力及运用均造成一定影响。例如，芜湖东站禁溜"零快"车辆，编组站平均日均到达 12.5 辆禁溜车辆，驼峰调车机车解体列车时每解体 1 组禁溜"零快"车辆，仅禁溜线取送 1 次作业至少要增加调车作业时间 12min，如果同一列车包含 2 组禁溜车辆，驼峰解体时间甚至达到 50min，已经影响驼峰正常解体节奏，而且调车作业风险也成倍增加。

（3）机列衔接问题。徐州北站虞城县口货物列车交接不畅，常造成车流严重积压，同时受分界口空车数的限制，空车保有量较大，大量郑州方向车流、空车车流在站积压。而该站西陇海方向小品类快运货物车流受牵引定数的限制，每列定轴换长（70.0）比直通列车换长（84.0）少 14.0，同一机车每开行 1 列技术直达列车比开行直通列车每列少开 10 辆左右，从而加剧西陇海方向机车经常性供应不足状况，造成股道分类线使用更加紧张。

（4）交换车流居高不下。由于徐州北站小品类快运货物有时间限制，需要及时交递，并且通常为单交单递，从而增加了交换场股道的使用频率。货物快运车辆系统间单交单递日均达 6 次左右，以 40min/ 次计算，上下行系统调车机车比以往各增加 240min，4h 的工作量造成调车机车编解任务困难。

（5）施工和检修方面的影响。例如，芜湖东站每日对 160 个减速顶进行检查、维修保养，需要封锁 1 股道 8h（8：00—16：00），工务每日（8：30 ~ 18：30）II 场调车线施工封锁也需要腾空股道。周一至周五施工日期间第一班交班前都至少需要腾空 2 股道，交接班时段车站调车场分类线使用非常困难，编组站调车机车效率受到严重制约。

（三）车辆结合部工作增多

（1）车辆选择及扣车处理。快运车辆需要车站提前集结符合要求车型后供车辆部门检查、挑车，这一过程受列检人员作业时间、调车机车动态及至发线运用等影响。同时，快运车辆质量选择要求严格造成车辆检修率相应增高，而车辆段站修所由于设备、人员等日均仅取送车 1 次，扣修车辆不能及时送修而影响货物运到时限。

（2）配空组织协调难度增大。南京东站原负责车站管内货运站装车配空，由于快运货物列车对车辆的特殊要求，车站配空范围涵盖宁芜线（南京—芜湖）、沪宁线（上海—南京西）及南京枢纽地区快运车辆配空，由于作业流程及联系机制尚未完全建立，作业协调难度相应增加。

（四）调度指挥信息化配套不足

（1）编组方式及去向需要人工识别。编组站目前采用的编组站信息管理系统（SMIS），仅能根据到站唯一参数确定组号（同一到站仅有 1 个组号）。快运货物列车开行后，针对到站相同、出发方向或编组方式不同的情况，由于 SMIS 系统无法实现到站+记事栏（货运产品编注在"记事栏"）两个参数设置组号，大量快运车辆需要人工识别编组方式及去向。

（2）在站停留时间不能自动识别。统计系统无法自动识别快运车辆在站停留时间，现车集成平台也无法实时滚动及对停时时间较长车辆的预警，需要花费大量人工精力计算，查找快运车辆停留时间。

（五）考核指标增加了作业难度

铁路总公司对小品类车辆在编组站停留时间明确规定不能超 24h，并且对快运作业从装车到运输中转至卸车制定严格的时间要求及考核标准。而作为"后厂"的编组站组织快运货物列车按规定时间作业意义尤为重要，但运输过程中受机车、车辆、施工、车流等不确定因素的影响，增加调度指挥难度的同时也增加作业难度。

综上所述，集结快运车流会造成车站中时指标相应延长。例如，徐州北至成都北批量零散快运货物列车开行后，由于徐州北至成都北快运车流属郑州北以远车流范围，因而开行徐州北至成都北快运货物列车造成郑州北以远车流集结时间延长。2014 年 10 月徐州北站未开行批量零散快运货物列车前分方向中时武汉北站 6.6h、郑州北站上行 5.2h、新丰镇站 6.6h；2015 年上半年编组站分方向中时武汉北站 8.0h、郑州北站上行 7.5h、新丰镇站 7.3h，三个去向分别延长 1.4h、2.3h、0.7h。

三、编组站快运货物列车作业组织优化

（一）加强日常工作组织优化

1. 重新划定组号

从近年来各方向车流强度、快运货物列车组号要求及局管内各站调车机车分工产生、压缩、合并、调整同去向、同调车机车作业站去向组号。例如：南京东站经过重新梳理、划定车站车流组号为 65 个，减少 8 个去向组号；芜湖东站对原有方向号重新进行优化，将原有新丰镇以远车流拆分为新丰镇以远、兰州北以远、乌西以远；将原有鹰潭以远车流拆分为向塘西以近鹰潭以远、向塘西以远；将原有合肥东以远车流拆分为合肥东以远成都北以近、成都北以远向。编组站新增加 4 个大方向号，合计为 27 个方向号。

2. 提高分类线运用效率

（1）调整分类线使用。根据编组场分类线的线束及站场设置，结合调车机车分工与能力，重新细化分类线运用。南京东站将原固定在二、三线束的快运货物列车车流，调整至一、四线束股道运用，该措施根据实际灵活运用分类线，减少驼峰解体同线隔钩车作业难度，同时对编尾作业创造平行进路条件。

（2）提高分类线使用效率。南京东站明确班中活用及班后固定使用原则，新增班中"来车"二次解体作业规定，解决零星、较小车流占用分类线问题，提高分类线运用效率；芜湖东站目前分类线仅有 24 条，为保证小品类车辆快接、快解、快集、快编、快开，车站在分类线使用紧张的情况下，仍然明确 4 条分类线供小品类车辆集结使用。其中：调车场 10 道集结成都北及其以远车流，14 道集结新丰镇及其以远车流，18 道集结兰州北和乌西及其以远车流，22 道集结向塘西及其以远车流；徐州北站在计划布置上经常使用暂时合用分类的现象，当作业相对宽松时进行适时整场作业。

3. 优化调车机车作业

（1）优化编尾调车机车分工。南京东站结合分类线调整，针对编尾 3 台调车机车重新优化作业内容，编尾三调及机动五调担负快运货物列车编组，减轻编尾四调编组压力，同时优化分类线及调车机车运用，减少交叉干扰，有利于提高效率。

（2）均衡能峰、尾部调车机车作业。为有效解决驼峰与编尾调车机车配置及集中到达、特种车辆增多造成驼峰能力紧张的局面，需要采取加大编尾调车机车取送特种车辆作业的办法，以减少驼峰调车机车作业压力，达到均衡各调车机车运用的状态。

（二）强化节点作业组织管理

1. 突出指挥作业重点

（1）充分利用信息系统。值班站长应充分利用"调度生产辅助系统""铁路综合管理信息系统"，按照中国铁路总公司掌握远程直达车流集结时间不超24h的规定，密切掌握小品类货物在站时间，积极组织批量零散快运货物车辆的交替、反接、反发工作，开行远程直达列车，保证重点工作的完成。

（2）合理编制阶段计划。车站调度员编制阶段计划应严格按照《铁路运输调度规则》《车站行车工作细则》要求，将批量快运车辆作为阶段开行重点，结合现车分布、股道运用、机列衔接、调车机车运用及作业进度情况，与前后阶段计划紧密衔接，按照其他方向批量零散快运货物车辆在站集结时间不超18h的规定合理进行作业组织，压缩批量快运车辆在站停留时间，保证阶段计划的兑现率。

（3）优化作业组织。调车区长在提高计划编制质量的基础上，以优化作业组织作为日常工作重点，提高计划的时效性、可操作性，加强与各作业工种的联系，优先解体有效列车，紧盯机车运作，实时掌握机车动态，督促作业组织，注重作业环节的衔接，压缩非生产时间，提高解编效率，缩短批量快运集结时间，保障批量零散快运货物按点开行。

（4）做好车辆故障时的应急处置工作。当快运车辆故障、扣修等造成无法挂运时，值班站长应及时汇报中国铁路总公司计划台及铁路局调度所计划调度，并且主动联系车辆部门优先安排检修计划；站调应均衡调车机车运用，保障快运故障车辆及时取送动力支持，加强与故障、扣修快运车辆的联系，并且及时调整车流及机车，协调运转、货检、车辆、机务等部门，组织紧接续作业，确保快运车辆24h内及时挂运。

2. 解决解编作业难点

为解决股道分类线紧张、机列衔接不够、调车机车能力不足等作业难点，以减少列车等线接车现象为目标，加强作业计划组织。

（1）处理列车等线问题。当出现列车等线严重时，应及时组织调车场接车，分解压力、减小影响。解体作业应灵活运用编组场股道分类线。当站调与调度所核计计划时，对集结时间长的车流，应合理采用合并、套用、活用股道等手段，避免某一到站车流长时间占用股道，编制列车开行计划时尽量实现列车满轴满长。

（2）协调驼峰尾部作业。组织协调驼尾动作，对车列天窗多的股道，尽量利用编尾能力，减少驼峰下峰顶车次数；同时充分利用好调车机车，合理安排取送作业，做到编组、取送两不误。

（3）优化交换车作业。针对交换车多的现象，应合理利用单机和调度机车加强与地面各作业楼的联系，优先解体有效列车，盯紧机车运作，随时掌握机车动态，督促作业组织，压缩非生产时间，采取"五个一"（多接1列、多解1列、多开1列、多编1辆、多解1辆）的组织方法提高编组站效率。

3. 提高分界口交接效率

18点分界口车辆交接是目前车站作业的重要节点，对压缩车站保有量具有重要意义，以徐州北站为例做好分界口交接作业如下：

（1）发挥合署办公优势。白班针对京沪方向存在机车、机班衔接问题，以及陇海方向机车不足或机车与车流不匹配问题，充分发挥站机合署办公的优势，站调加强与驻站机车调度的联系，在计划上提前安排，在车流大、机车（机班）交路紧张时，要求各信号楼服从机车调度安排。

（2）优先组织作业。在保证重点列车、重点货物作业的同时，对交路紧、机班不足影响交局方向的到达列车，应优先接车、优先组织作业。

（3）做好机列衔接工作。做好机车衔接和机列匹配工作，优先放行及进房整备，充分利用枢纽调度机车保证交局任务完成，减轻和缓解编组站压力，压缩保有量。

4. 增强作业指挥灵活度

编组站应注重日常作业组织，针对不同时期、不同季节特点等作业重点进行组织，在安全大前提下保证编组站的畅通和重点任务完成的同时，强调指标意识，在空车集结开行、分界口交车数减少情况下，在上级调度指挥协调下，采用"备用、封存"等技术手段压缩车站中时。徐州北站利用铜山二调将已经装好但受分界口交车数影响不能及时开行的停留车辆，运行至徐州西或铜山暂放。利用枢纽调度机车，积极组织开行交换车流，缓解交递车积压产生的解体紧张、编组场分类线、交换车场繁忙的情况，同时按照各自交车方向的编组要求，利用周宅子、杨屯站等剩余股道能力将分界口禁交及因机车交流紧张的空车、重车进行站存，减轻和缓解编组站压力，压缩编组站保有量。

（三）开发拓展信息化功能

（1）研发查询快运车辆查询功能。通过车站网页与 SMIS 信息对接和互通，实现各类快运车辆查询快运车辆分布，同时由于快运车辆信息汇总后便于作业人员掌握开行方案，促进运输生产与辅助决策一体化，有效提高车流组织、计划编制协同及信息实时交换管理的科学化水平。

（2）拓展信息功能。为实时掌握车站快运车辆停留时间，避免出现快运车辆挂运超时，在汇总快运车辆信息基础上，增加快运车辆停留时间，既方便作业人员实时盯控，又便于统计、分析快运车辆集结时间及车流强度等。

（3）减少人工工作量。针对货物快运车辆装载加固特点，将 SMIS 系统"运统 1"预确报记事栏与驼峰自动化功能参数相结合，实现编制调车作业计划零担货物自动标注驼峰溜放作业方式特标，同时钩传计划自动采集，减少人工添加特标工作量，提高驼峰作业效率与安全保障。

（四）完善结合部管理

（1）定期召开部门专题协调会。车站应组织场内相关车间联合机车、车辆、货运中心等单位有关部门，就提速车辆选扣、车辆整备、运统 1 特殊标记及日常组织等专题研究部署，协调日常组织关键问题，初步形成固定运输模式，减少日常组织扯皮与推诿，便于统一调度指挥。

（2）发挥季度站区联劳会作用。针对快运车辆扣修、装车后快运车辆挂运等暴露出的问题，在季度站区联劳会上，就快运货物列车组织中的问题进行专题商讨，明确快运车辆扣修取送车、修车计划安排及装车后始发联系等事项。通过明确各家单位职责，加强各联劳单位配合，达成确保站区内运输组织畅通、高效，同时突出快运货物列车组织安全、有序的共同目标。

（五）完善考核机制

（1）严格考核制度。小品类快运货物运输是落实货运组织改革的重要内容，应在对配空、取送、挂运、开行各个环节进行细致分析的基础上，对由于自身原因打乱小品类运输秩序的部门要落实考核。突出快运车辆中转时限要求与服务质量关系，严格落实中国铁路总公司关于快运车辆中转的有关要求及考核制度，针对快运车辆中转超时，必须做到分析清楚，考核落实到人，以严格的措施与手段兑现对社会、对货主的承诺。

（2）完善奖励机制。在强化考核的同时，针对快运车辆组织开行难、作业量大、调度指挥烦琐等实际情况，车站特针对编组站制定场内劳动竞赛，结合铁路局运输组织考核办法、货物快运奖励考核办法细化、制定车站相关奖励办法，针对编组站（负责小品类车流集结、远程技术直达列车始发）因列车开行造成分类线使用紧张、技术指标延长、工作量及安全风险增加等情况，突出向计划人员倾斜、与快运作业人员工作量挂钩，反映编组站对快运货物列车的重视，调动作业人员的积极性与主动性。

第五章 列车运行方案与动车组运用计划

第一节 城际铁路客流预测方法

客流预测是指运用科学的预测技术，利用预测对象的历史、现状数据以及经验，按变量之间的函数关系建立数学模型，对特定区域范围的旅客需求进行分析、测算，从而得到客流的变化规律和趋势，计算出预测对象的预测值。客流预测一直是最热门的研究课题之一，其难点在于对运输需求众多影响因素的全面考量以及采用模型方法是否合理。城际铁路是指为满足经济发达、人口稠密的城市群内各个城市之间或城市与卫星城市之间旅客出行需要的高速铁路。如何根据现有数据科学预测客流需求，是城际铁路投入运营后亟待解决的现实问题，也是城际铁路运输组织的重要依据。传统的四阶段法使客流需求预测这一复杂问题简单和程序化，其基本思想已应用于各个大城市的运输规划，并已发展为一种成熟的学术方法。

一、城际客流组成结构分析

城际铁路客流通常是由趋势客流、转移客流和诱增客流组成。

（一）趋势客流与转移客流

趋势客流是客流预测的基础。城际铁路多半是新建线路，没有趋势客流，投入运营初期所吸引的客流基本为转移客流。转移客流的来源一般是铁路既有线高端客流、公路客流等。其中，铁路既有线高端客流主要是公务、商务、会议、旅游休闲客流，表现为出行规律明显、聚集时间短、流量变化快、替代竞争强，对时间和效率要求较高，更加关注运输工具的安全与舒适性。城际铁路的转移客流一般要通过各种运输方式的客流分担率来确定。

（二）诱增客流

诱增客流是指城际铁路运营使系统所在区域或是沿线的土地利用性质发生改变，改善了运输环境，缩短了区域时间和空间距离，提高了可达性和经济可接近性，引起城市区域经济布局和产业结构调整，产生新的经济增长点，从而诱发新的运输需求，包括先前由于受运输条件限制而无法出行的潜在运输需求以及由于运输体系得到改善而使出行频率增加的运输需求。

二、基本思路和原则

城际铁路客流预测应强调根据不同城市、不同区域规划，将表现四阶段法的各模型加以灵活地选择。在进行客流预测时，沿用四阶段法的思想，但不必拘泥于现有四阶段中的数学模型，需要对各阶段的具体模型、操作方法上的具体问题具体分析，并遵循以下原则。

（一）体现非集计和集计方法的统一

城际铁路是运输通道内新的运输方式，其所在的运输通道内通常存在着多种运输方式包括公路、铁路既有线等的竞争。出行者在选择时，对便捷、安全、速度、票价、舒适、服务提出了较高要求。城际铁路的市场份额不仅与其技术经济特征和服务水平有关，也取决于旅客的属性和行为特征。从某种意义上说，客流量就是大量个人行为选择的综合结果。出行者的出行行为可以认为由一系列决策组成，基于活动的出行需求预测模型的数学基础是非集计模型，需要通过效用随机理论分析。为大部分研究者所接受的决策理论是由 1977 年 Manski 首先提出的随机效用理论，即在出行个人和选择支群既定的条件下，以效用来描述某个选择支群吸引程度，并以运输方式的技术特性和服务属性为组成内容，通过个体数据可求得各种运输方式在城际铁路运营后广义费用的效用函数，将数值汇总分析集计后总体反映出行者的行为选择。

（二）体现"先总后分"的预测思想

直接计算其他运输方式客流向城际铁路转移存在一定的难度，这就需要通过计算城际铁路开通运营后的客流分担率来实现，采取"先总后分"方法。LOGIT 模型反映的是一种基于市场竞争的预测模型，在求得 OD 间社会客运总需求的基础上，以表示运输方式服务特性的"广义费用"占所有运输方式的广义费用和的比例值来确定该方式的客流分担率，进而确定分担客流量。该方法能反映出城际运输方式服务水平变化对各运输方式市场份额以及整个运输市场格局的影响。

（三）体现不同地区的经济发展状况

城际铁路处于经济发达地区，客流出行行为与该地区经济发展状况密不可分，客流预测时要考虑该地区的经济发展状况。重力模型是经济和客流预测联系的桥梁，该模型与地区经济发展关系有着很好的黏合性，结合城际铁路客流实际情况可适当地采用重力模型。

（四）根据已有数据资料采取相关方法

在客流预测过程中，要根据具体的数据资料，可灵活采取相关方法进行。常见情况有以下两种：

（1）已知年度城际铁路所在的客运通道客流量，可结合客流分担率，采取预测转移和诱增客流的方式求得。

（2）已知年度城际铁路客流量，实际上已包含趋势客流、转移客流和诱增客流，可直接采取重力模型的方式进行预测。

但要说明的是，通过数学方法预测得到的结果还要与运营实际比较，任何数学方法都有一定的不足之处。若预测数值不符合实际城际铁路运营情况，还要采取必要的人工经验加以调整，得到客流量预测值。

面临各种趋势客流预测方法层出不穷的现状，提出将趋势、转移、诱增三种形式客流围绕城际铁路运营组织实际妥善处理，较为合理地解决城际铁路客流预测问题，能够为建立城际铁路客流预测体系起到借鉴作用。近年来，重力模型又增加考虑客流量是关于出行成本、人口密度、人均收入等一系列变量，模型体系逐步趋于完整。有待进一步研究重力模型在城际铁路客流预测方面的应用。城际铁路客流预测以时间为依据可划分为长期、中期和短期预测。中、长期预测通常针对待建线路，用于把握未来客流的总体规模和发展趋势，短期预测是城际轨道客运组织和市场营销的依据，其预测结果直接影响运输计划的编制，运营组织的效率和经济、社会效益。当前学术界对于客流预测多集中于用于规划建设阶段的中、长期的阶段，而对于月度、日度客运量的短期预测研究较少，短期客流预测的模型与方法主要有灰色预测、时间序列模型、神经网络预测法、SVM（支持向量机）预测法等，但每种短期客流预测方法都有其自身的特点与适用条件，需要在分析客流变化特征的基础上，根据每种预测方法的优缺点和适用条件，采用不同的方法进行短期客流预测研究，这需要进一步研究。

第二节　推进调度安全风险管理的有效途径

安全风险管理是基于对铁路科学发展、安全发展的深刻认识，尊重铁路安全生产规律，实现运输安全长治久安，确立的安全工作思路。铁路局调度所是铁路运输组织的神经中枢，承担着确保运输安全的重任。全面推行安全风险管理，对调度安全生产稳定、有序可控有着重要的现实意义。本节以上海局调度所为例，在全面理解安全风险管理内涵的基础上，分析调度安全风险管理主要影响因素和主要特征，结合调度指挥的实际，系统地提出调度所推进安全风险管理的有效途径，目的是为调度安全风险管理提供借鉴和参考。

一、主要影响因素

风险是指危险、危害事件发生的可能性与后果严重程度的综合度量。针对安全工作错综复杂性和极端重要性的特点，从宏观角度而言，风险管理的对象是人、设备和环境以及由它们所构成的系统及结合部，三者互相作用、互相影响。在铁路系统中，三者内部以及结合部之间都有一个管理的问题。

（一）人员因素

调度所人员因素包括调度人员和管理人员的素质和工作水平。调度人员作为铁路调度工作的指挥者和设施、设备的使用者，其行为贯穿于整个运输组织、作业、运行的全过程，在很大程度上决定了运营安全的可靠性。调度安全风险意识不强、工作中的疏忽、设施设备操作错误、违章作业以及应急处置不当等都将直接或间接地影响安全。同时，管理人员在安全监督检查、考核和重点帮促等方面失职，作风不严谨，管理上"严不起来、落不下去"，也会给安全带来一定程度的隐患。随着铁路新线开通，调度所近两年来陆续招聘了200名大学本科生担任调度岗位，在日常应急处置、列车运行调整等方面存在着不足，业务素质需要补强。

（二）设备因素

功能完备、性能先进的安全设备是保障运营安全的基础。铁路线路、桥梁及隧道、通信信号、站场设备、行车设备、动车组、牵引供电系统、灾害监测系统等，无论某一方面设备发生故障（如钢轨断轨、应答器数据异常、站台侵限、ATP死机、接触网塌网、防灾安全监控系统故障等等）都会影响安全。

（三）环境因素

调度指挥不是一个封闭的系统，与外界环境结合并受外界环境影响较大。环境是对运输安全有重大影响的要素群，其中有的以潜移默化的方式影响安全，有的则以雷霆万钧之势影响安全。如恶劣的天气条件对运营中的线路造成破坏，使运行中的列车发生脱轨、颠覆、冲突等重大事故。上海局管内大部分地区为沿海地带，夏季台风、暴雨频发等状况威胁铁路运输安全。在这些特殊时段、地段，调度员要不断监控列车运行，关注设备、环境的变化，发现险情时要正确、果断地处理。

（四）管理因素

"有变化就有风险，就是非正常"，调度指挥随时面临着人员、设备、环境的变化，这些变化都蕴含着诸多风险因子。安全风险管理就是对人员、设备和环境的管理控制，必须坚持以排查隐患、分析危害和解决问题为基本着眼点，需要转变观念，创新方法，以全新的理念按照安全风险管理理论、原则和流程推行安全风险管理。

二、主要特征

（1）超前性。安全风险管理是一种强调全面超前进行评估与预测，变安全生产事后控制为事前控制的安全管理方式。超前管理能够从根本上防范重大安全风险及其所带来的损失。实行安全管理的基础是通过对管理和作业岗位的风险识别和研判，识别风险影响范围、发生的原因和潜在的后果，界定风险程度，确定哪些风险通过努力是可消除的，哪些风险采取措施是可控的，而哪些风险是必须面对并加以控制的，实现关口前移和超前防范。

（2）主动性。安全风险管理要求对风险进行系统的、定时的评估，建立积极的、主动的风险防控机制，在实施过程不仅仅是去检查或处理隐患，而是将行动建立在对生产过程各个环节进行安全评估的基础上，全面考虑有可能出现的安全风险，对现行的安全管理内容进行补充和完善，实施有效的管理和控制，由被动管理转为主动管理，形成一种科学的管理方法。

（3）联动性。保证铁路运营安全，需要调度各岗位互相配合、协同作业。若配合失当，安全环节卡控失控将造成连锁反应，可能产生事故。尤其是调度集中设备的应用，相应地带来了安全管理的新形势，要求列车、机务、车辆、供电、客运等调度岗位遇到突发情况及时反应，减少对运输生产的影响，一旦出现突发情况，即可实现多专业同步响应，最大限度地缩短应急反应时间。因此，在制定风险源排查过程中，每一个风险源点都会涉及多个调度岗位，体现联动性。

（4）闭环性。闭环性是指推进安全风险管理过程中要按照工作流程去实施。首先通过"自下而上、自上而下、上下结合"的方法，从人员、设备、环境和管理等各个方面，全面排查安全风险，然后确定安全风险控制措施。安全风险管理的关键是制定完善的风险控制措施，根据研判的风险，分别从应用先进技术装备、优化生产组织、完善规章制度、加强过程管理和强化人员培训等方面，落实安全风险过程控制措施并组织落实到位，实现管理控制，并不断根据新问题、新情况，不断修订已发现的风险源点和补充新的风险源点。

三、推进安全风险管理的有效途径

安全风险管理追求的目标是"一切事故皆可避免，一切隐患皆可消除"，充分体现了"安全第一、预防为主、过程控制、应急有备"的原则。风险评估环节是安全风险管理的基本保障，是诊断、分析各类安全生产风险的关键。应紧紧围绕管理、设备、作业、人员、环境风险五个方面，建立起分层且相互衔接的风险评估体系。全面推行安全风险管理，就是要以树立新的理念、以提高调度人员业务素质为根本，以全面排查风险源点和制定措施为手段，以落实安全生产责任制为核心，深化隐患排查治理，构建与调度发展方向相适应的安全管理体系。

（一）强化全员安全风险意识

安全风险管理要求调度员要有危机感，这就要进一步树立"安全第一"思想，提高安全敏感性。可从以下五个方面着手：一是要组织通过班前点名会、专题学习会、座谈会和调度所网站等多种学习形式、宣传载体，重视和加强对全体调度人员的安全风险意识教育，增强全员的安全风险意识；二是认真吸取路内外安全事故的教训，举一反三、防微杜渐，结合调度实际，研究思考安全上的对策，避免类似问题的发生。三是针对安全风险管理的超前性的特点，要立足于超前防范，安全管理一定要眼睛向内，碰到任何问题，要从如何防止的角度出发考虑，出现很多问题错误地都认为和调度没有关系，但是一旦出了问题，多多少少要牵涉到调度，所以要想尽办法防止问题发生，做到超前防范。虽然排查的风险已经制定了详细的控制措施，但还要排查各岗位是否按照控制措施去执行了，要排查作业中是否还存在其他未被发现的安全风险。四是针对调度指挥的安全意识，对传统、固有的安全理念要理顺，做到全面更新安全风险管理意识，理顺传统安全管理和安全风险管理的区别和联系，全面考虑有可能出现的安全风险，对现行的安全管理内容进行补充和完善，实施有效的管理和控制，真正适应目前调度安全形势的发展需要，把调度安全工作做实、做细、做好。五是要在全所范围内积极开展形式多样的安全文化活动，结合安全教育和面对面谈心活动的深入开展，不断推进调度安全文化的建立，形成"人人讲安全、文化促安全、合力保安全"的浓厚氛围。

（二）提高调度队伍业务素质

随着各类新线的投入运营，新的技术、新的设备不断增加，调度员的知识必须更新，必须适应铁路的发展，否则将会落后，被铁路运输的快速发展所淘汰。调度人员的业务技术水平必须同步跟上高速铁路发展需要。因此，在选拔、培训、教育职工方面，必须要严格把关，从源头做起。要组织调度员抓紧对新知识的学习，要及时掌握新技术，熟悉新设备，弄懂弄通新的规章、规定，不断地灌输"遵章守纪、按标作业"的工作理念，加强调度员的岗位培训和技能培训，提高调度员的业务水平和能力，提高运输生产的组织指挥水平。

针对列车调度台岗位人员变化较快、新职人员不断单独定岗的现象，加强新研调度人员对业务的学习，不断完善内部教育培训机制，坚持传统有效的教育手段，认真落实调度所教育培训管理措施，并进一步开拓思路，研究适应新形势的教育培训方式方法，引导广大调度员从"要我学"到"我要学"的转变，不断提高调度队伍的业务素质。还要加大应急演练力度，做到应急演练全覆盖，并注重应急处置分析，及时总结推广应急处置经验，提高应急手段的时效性。

以"遵章守纪，按标作业"主题竞赛活动为载体，深入推进作业标准化、管理标准化，开展立标、学标、对标、达标工作，通过坚持不懈地抓安全教育、抓基础管理、抓检查考核，切实做到让标准成为作业习惯、让习惯符合作业标准，要让调度员老老实实地按基本规章去做，并及时选树遵章守纪保安全的先进典型，发挥他们的示范带动作用，营造学先进、赶先进的浓厚氛围，培养一支能够自觉按照标准进行作业的调度队伍。

（三）全面实施安全风险管理

首先，通过对风险源点及其大小进行等级评估，结合自身实际，对各工种、各岗位的风险源点进行全面排查，制定《安全风险控制手册》，组织专业人员对风险控制手册进行分析、梳理和汇总，形成《调度风险控制手册》49条，其中A类风险4条（包括临时限速（降弓）处置不当，列控限速设置错误，运行揭示调度命令的编制和审核过程中出现差错、发布不及时、签收不及时；大胜关大桥京沪高速铁路与沪汉蓉并行区段防灾系统报警未通知邻台处置，并制定相应原因描述及可能后果的主要控制和防范措施），B类风险10条，C类风险22条，D类风险13条。然后，根据风险控制手册，制定《调度所安全风险管理实施细则》《干部安全风险控制表》《岗位安全风险提示卡》，使每一名调度人员都明确自身岗位的安全风险，明确安全风险管理和评估的操作流程。其次，修订完善干部职工安全风险管理责任，明确各级管理人员、各岗位安全风险管理职责。各岗位作业人员要严格执行作业标准，落实安全卡控措施，杜绝"两违"现象的发生。各级管理人员要按照逐级负责、分工负责的原则，抓好安全风险管理责任的落实，重在落实，紧盯安全风险点，强化作业过程控制。同时检验各项安全风险防控措施是否行之有效、是否具备可操作性。

（四）建立"以人为本"的风险教育培训体系

风险辨识环节是安全风险管理的基础和首要环节。应通过加强教育培训，动员全员参与风险辨识，切实了解掌握各类风险事件和风险源点，从而在安全生产中主动控制风险。

1. 设立模块化安全风险体验中心

模块化安全风险体验中心是用真实的设施设备和运用三维动画技术构筑起一个真实的生产作业现场和一个虚拟的生产作业现场，调度员可在模块化安全风险体验中心模拟生产作业过程，进行实际操作或虚拟操作，一旦职工操作行为未按照标准化作业指导书要求，出现不规范的作业行为时，系统就发出报警，并列出事故（故障）后果。通过风险体验，深刻认识"违章是事故之源"，牢固树立起"按标作业等同于安全目标"的观点，从而在生产作业现场自觉规范自己的作业行为。

2. 建立安全教育警示室

安全教育警示室是对调度员开展安全教育的场所。一是通过文字、图片、影像展示"相互关爱、共保安全"的安全理念，强化"安全第一"的意识，形成上下统一的安全价值取向。二是通过正、反两方面的事例对调度员进行安全警示教育，使其认识事故对个人、对家庭、对单位所造成的巨大经济损失，甚至付出生命的代价。三是通过互动学习区了解掌握防范风险的基本常识，使调度员对各类作业风险和控制措施入脑、人心。

（五）建立"全员参与"的风险辨识体系

1. 做好静态安全风险辨识

组织研发"调度安全风险源点数据库"，并依托局域网覆盖所有部门，为全员参与风险辨识提供工具。全体职工结合调度岗位等日常工作，开展覆盖所有岗位的调度风险识别工作，重点辨识调度主体、外围环境存在的风险源点，预先辨识静态危险因素，将全员辨识发现的各类存储在"风险源点数据库"中，明确各专业部门负责对数据库进行动态维护更新，补充新辨识发现的静态危险数据。同时将已经通过技术改造消除的静态危险进行剔除，为实现"本质化"安全提供基础资料。

2. 做好作业类安全风险辨识

按作业前、作业中、作业后三个环节对各班组生产作业过程中的主要作业风险进行辨识，并依托局域网建立起"作业风险数据库"。调度班组在作业前，可自主查询"作业风险数据库"，学习了解该项工作的主要作业风险形式及相应的控制措施。可通过建立"安全预想系统"，结合当天工作类型、外围环境、天气情况等方面内容，由系统自动形成安全预想内容，提高安全预想的针对性。

六、以确保安全为前提，维护良好的运输秩序

坚持铁路运输科学发展和安全风险管理的新理念，强化运输过程的安全风险控制和应急处置，确保良好的运输安全秩序，是调度工作第一位的责任，因此在日常运输生产中需切实发挥安全导向、安全提醒、安全卡控及创造安全环境的作用，进一步提高安全风险管理水平，确保全局运输安全稳定，确保高速铁路运输及旅客列车绝对安全，维护良好的运输秩序。

（1）积极开展安全专项活动，扎实做好安全风险管理工作。"遵章守纪，按标作业"主题安全宣传教育和整治活动要常抓不懈，安全工作的忧患意识、管理意识、法治意识要不断深入人心，警钟长鸣，深刻理解盛部长讲话中中"问题在现场，原因在管理，根子在干部"的内涵，转变干部作风，强化干部安全管理职责，加强督查和问责，促进各级管理人员履职尽责，严格落实日常干部检查量化要求，深入一线关键岗位，跟踪防控作业过程，形成全所上下共保安全氛围。在活动中要实现扎实推进调度安全风险识别动态排查，根据调度工作实际和各部门各工种作业特点，深入排查安全风险源点，逐项逐点制定明确控制措施，经梳理归类，形成"调度安全风险控制手册""完善岗位作业指导书"，并发放到岗位、到人，要求重抓落实。

（2）严格按图行车，确保高速铁路运输及旅客列车安全正点。严格按照"防止列车冲突安全风险卡控措施"和"关于加强旅客列车正点组织工作的通知"的要求，坚持列车运行图月度分析制度，认真查找问题，切实以旅客列车为重点，强化列车3~4h运行计划编制和调整，以旅客列车安全正点促全局运输秩序稳定。

（3）强化非正常应急处置。牢牢抓好接发列车、施工、季节性等运输安全措施落实，针对大面积高强度施工、防洪防台及迷雾天气多发、设备故障频繁等非正常情况，牢固树立"变化就是风险"意识，充分发挥路局应急调度台24h值守和站段应急指挥中心协调处置作用，周密细致地做好施工、恶劣天气、设备故障等应急处置工作，把好非正常情况下行车安全关，将对运输的影响降到最低。

第三节　构建高速铁路调度应急处置辅助决策系统分析

我国高速铁路设备先进、技术完善能够保证高速铁路正常运营条件下的安全。但高速铁路设备高强度、损耗大、技术条件要求高等特点，决定了高速铁路的设备会有一定

的故障率。再加上外界不可控因素的影响，突发事件不可避免。因此，高速铁路非正常情况下的调度指挥应急处置就显得尤为重要，是高速铁路行车安全工作的重中之重，也是高速铁路应急响应能力的综合体现。随着高速铁路的迅猛发展，调度指挥工作高度集中，安全压力明显前移，高速铁路行车若发生不稳定因素后果将更加严重，相应高速铁路应急处置能力就显得更加重要。根据高速铁路调度指挥应用系统的运用特点，分析传统调度指挥在应急处置方面的不适应问题，为确保高速铁路应急处置决策的科学性，提出构建应急调度指挥台，并不断完善相应专家辅助决策系统，使调度应急指挥体系进一步完善。

一、高速铁路调度指挥应用系统运用特点分析

高速铁路是高新技术的系统集成，与普速铁路相比，存在着现代科技上的巨大差异，存在着人、机功能分工和组合上的差别。高速铁路调度指挥应用系统特点主要体现在以下几个方面：

（1）分散自律调度集中控制系统。分散自律调度集中控制系统简称CTC，是调度中心对某一区段内的信号设备进行集中控制，对列车运行直接指挥、管理的现代化技术装备，并代替了普速铁路车站值班员的行车工作；同时也是实现铁路各级运输调度对列车运行实行透明指挥、实时控制的高度自动化的调度指挥系统。该系统与其他系统连接，构成功能完善的列车运行指挥安全控制体系。

（2）列车运行自动控制系统。高速列车的运行速度要达到200km/h及其以上，在司机已看不清地面信号的情况下，列车自动控制系统对速度进行自动监控，并实现地面和车上信息的自动交换功能。同时，高速列车以车载显示作为行车凭证，通过连续比较列车的实际速度和允许速度，使列车实际速度限制在安全允许的范围内。

（3）列车状态及设备自诊断系统。动车组列车装设了数据采集和诊断计算机，系统设计严格遵循"故障导向安全"的理念，对牵引动力、制动系统、走行部分、轴温、列车火灾、车门、空调、照明等各项设备进行检测和监测，当设备发生故障时，系统自动采取降速慢行、关闭信号、停车等安全的措施。

（4）防灾报警和视频监控系统。高速铁路装备了功能全面、精确可靠的防灾报警监控和视频监视系统。强风、暴雨、落物、地震都有相应等级的预测报警系统，以便及时在调度指挥过程中采取各种预防措施，控制列车运行速度，防止事故发生。同时，高速铁路全线安装视频监控系统，可对重点区段和设备设施进行24小时实时监控。

二、调度应急处置的特点

高速铁路信息化的发展已经与高速铁路运营的相关系统达到了基础信息完备、功能稳定的水准。例如：动车管理信息系统涵盖了当日动车组开行交路情况及每个车组的车型及动车组的备用、检修等实时状态信息及动车组乘务人员的信息；通过客票系统可以实时地分析各次列车的各站上、下车人数及座位；行车调度指挥系统（CTC）、防灾安全监控系统、旅客服务系统、供电数据采集与监视控制系统（SCADA）、办公信息系统（TMIS）等相关系统均较成熟。但高速铁路调度应急处置是一项系统工程，在非常态情况下，即监控系统检测到相关危及安全行车的故障或是高科技系统出现故障时，由于列车运行速度快、密度高，为快速恢复正常的运输秩序，调度应急处置的思路就是以确保列车运行和旅客安全为原则，充分体现高科技与运输组织一体化的思想，正确及时地启动相关应急预案，并在事后不断地总结应急处置的经验，积累所采取方案的可行性、安全性和便利性。

三、目前高速铁路应急处置方面存在的主要问题

剖析行车事故发生的原因，有 80% 以上是在非正常情况下发生的。调度应急处置是在调度指挥体系的环境背景下进行的，在应急处置过程中确保运输安全是调度指挥的首要职责。目前在高速铁路迅猛发展的情况下，若采取既有线的调度指挥体系，即行车台—车站的方式，将很难适应高速铁路发展的需求，主要表现在以下几个方面：

（一）安全压力前移

高速铁路在运营调度上较以往既有线铁路相比有以下特点：从现在已经投入运营的高速铁路来看，一个高速铁路调度管辖区段里程基本在 300~500km，管辖 15 个左右车站，除了部分枢纽客运站为车站控制外，绝大部分车站均为分散自律下的中心控制，车站均不设车站值班员，日常运输工作由列车调度员进行统一指挥与操作，高速铁路行车指挥工作较之既有线铁路高度集中。列车调度员作为日常行车工作的组织者、指挥者，所承担的安全责任明显加大，安全压力明显前移。应急处置是考验调度员综合素质的一项重要指标。从实例中来看，对于突如其来的非正常事件，尽管事先有详尽的应急预案，但由于不可预知性和执行上的偏差，在如何卡控安全关键点、如何迅速有效地联系相关部门处理、如何在第一时间运用相关规章文电、各工种调度员如何进行有效沟通与配合等问题方面执行效果不够理想。

（二）协调能力不足

高速铁路调度集中日常处理行车相关事务繁多，在应对应急处置过程中协调能力不足，主要表现在班组中各工种之间协调能力和与现场协调能力、与相关部门间协调能力的不足。一般而言，在应急处置中，调度所值班主任负责对铁道部及上级领导间的信息反馈及汇报；值班副主任（高速铁路）负责安全把关，特别是限速、降弓等命令的发布以及列控设置等环节的卡控。而与现场之间的协调通常是行车调度台完成，高速铁路应急处置涉及环节多、专业多，要求在最短的时间内合理地完成，而且标准高，若协调不足容易导致应急处置不当。

（三）决策支持不足

我国的高速铁路运营管理还处在一个初级阶段，高速铁路作为一项集各项高科技于一身的现代化铁路系统，其包含的各项新技术如 CTCS-3/2 级列控系统、调度集中系统、无线闭塞系统、防灾安全监控系统等，需要各专业分工合作。相应人员素质提升需要一个过程，调度人员很难在短期内将各专业的知识全部掌握清楚。同时，高速铁路各项规章制度、作业标准还未形成一个完整统一的、行之有效的体系，调度员在执行中的矛盾不可避免，实际操作难度大。这就要求在非正常情况下高速铁路调度指挥迫切需要辅助决策。考虑高速铁路技术是各专业的融合，相应也需要各专业共同决策、共同参与从而产生一个最佳的方案。

（四）风险研判不足

高速铁路应急处置在既有线模式下，遇有变化时，通常调度员主观采取停车的方式来处理，缺乏对调度风险研判、风险源的辨析综合分析和评价。应急处置过程中随时面临着人员、设备、环境的变化，这些变化都蕴含着诸多风险因子。高速铁路安全风险管理是对人员、设备和环境的管理控制，必须坚持以排查隐患、分析危害和解决问题为基本着眼点，需要转变观念，创新方法，以全新的理念按照安全风险管理理论、原则和流程推行安全风险管理。这也需要一个由各专业专家组成的小组来针对高速铁路行车变化情况综合进行风险研判，从而指导高速铁路调度指挥的应急处置。

（五）信息化处置不足

高速铁路应急处置复杂化主要表现在涉及多部门，在最短的时间内，涉及众多的信息交换。若信息化处理不及时，应急处置将达不到应有的效果。例如，会出现各工种、岗位之间信息通报不畅、职责不明、关键点掌握不好、处置流程不清、现场混乱无序等局面，有时还出现路局多个业务处室、调度所班组、各专业科室同时上台帮促、卡控、甚至指挥的杂乱状况，造成当班调度员精力分散，信息通报迟缓甚至中断，忙中出错。

以上各个因素相互作用、相互影响。从整体上来看，应急处置能力的高低取决于各个因素的综合协调程度。

四、安全决策辅助系统的构建和设想

安全辅助决策系统的构建分为两个阶段，初期阶段是人工经验阶段，通过成立调度指挥应急台，各专业专家聚集在一起群体摸索相关安全处置的规律，使得调度应急处置规范化；后期阶段是在初期阶段的基础上，通过开发相关的应急处置系统，提供辅助决策，最终实现高速铁路应急处置的信息化、可视化、智能化、决策化。

（一）规范设置调度指挥应急台

以上海局为例，相应建立由各个专业系统人员组成的应急指挥调度台，建立并完善了高速铁路应急预案及各种情况下的应急处置办法，规范了应急处理的流程。应急指挥调度台可由调度所主任（副）带班，铁路局运输、机务、供电、车辆、工务、电务处指派胜任人员以及值班人员组成应急指挥调度台值守基本队伍。遇特定情况时可根据需要指定其他有关部门参与应急值守。值守人员均由各处室挑选责任心强、业务技能过硬的专业管理干部参加值守工作，并经业务处室主要领导认可后方可上岗。为正确处理设备故障、突发事件等事件，应急指挥调度台应配备一些辅助决策系统。主要有局站（段）主要领导单键直拨调度电话、CTC/TOCS 复示系统、微机监测系统、视屏监视系统、局站应急专线视屏电话会议系统、客票查询系统、供电 SCADA 复示系统。

（二）辅助决策系统的构建及设想

应急指挥调度台是一个人工专家集中辅助决策阶段。为进一步发展需要，还要考虑如何构建安全辅助决策体系以实现决策的自动化和智能化。

1. 短板问题

由于我国高速铁路的建设与运营时间较短，高速铁路线路涉及部门较多，各种影响因素多，应急处置方案的制定要依靠人工优选，难度大、要求高，存在以下方面的不足需要补强：

（1）高速铁路各子系统信息基本完备，但互联互通和数据共享还不够，在应急处置过程中常常是依靠各种系统的切换来获取信息，这就给综合各种信息的快速性带来现实的困难。

（2）高速铁路线路中各种设备的故障处理的预估时间是依靠各相关业务部门的技术人员的经验获得的，存在着个人主体意识，可靠性较低。

（3）遇有影响较大的非正常情况发生时，通常以考虑保线路畅通、合理使用动车组为主，而对旅客换乘等其他因素较少兼顾，缺乏合理的应急处置方案评估方法。

（4）应急处置方案涉及作业环节多，如车次停运、启用备用动车组、动车组的回送、旅客换乘与转接等，均由各调度工种及相关运输人员进行人工判断及处理，这些工作做量大、环节多，靠人工去处理，效率也不高。

2. 功能需求与难点分析

高速铁路列车速度快、密度高、交路紧，服务质量要求高等众多特点决定了应急情况下的处置不仅要保证安全、流程合理、反应及时，还要对处理方案的确定迅捷化、最优化，并且能够根据现场处理情况的变化做到及时调整。

（1）实现信息互通。对行车调度指挥系统、动车组管理信息系统、客票系统等高速铁路相关信息系统进行互连互通，实现数据共享，消除信息孤岛现象，这是构建应急处置辅助决策系统的基础。

（2）应急方案优选。影响制定应急处置方案的因素较多，主要包括：动车组的车型，交路接续时间与车次，预备车组及各电动车所内动车组的检修，备用状态，动车组的乘警、乘务员、司机"三乘"人员的交路情况，吸污地点及动车组吸污要求，动车组内座位满缺情况及各站上、下客情况等。辅助决策系统应能根据实际的上述情况建立的数学模型，分析出故障发生后的最优列车开行方案与故障处置方案。

（3）后续方案生成。应急处置人员通过系统确定最终的最优处置方案后，系统应能够智能化地处理后续工作。如自动生成受影响的动车组相关的车底回送、入库等命令，纳入动车组信息系统的命令缓存，以节省动车调度员的工作量、减少出错率。同时，能自动编制动车组"三乘"人员的交路接续方案及旅客合并或换乘等方案，以便于客运调度员及时布置客运重点事项和安排人员。

（4）事故信息收集。对引起非正常的各种设备故障及处理时间等信息登记入库，若再发生类似事件时，系统能够给出平均、最短、最长处理时间等信息，以便正确预估处理时间，避免由于人为因素而对恢复时间预计出现较大的误差。同时，自动记录相关的事故信息及事故处置流程，可用于安全分析及评估，也能为应急预案的建直和安全教育提供实际的基础数据。

（5）精心设计界面。通过图形化及不同色彩的多种手段，使使用人员，直观清晰地了解原交路、改变后的交路等情况，并且醒目提示每种方案的注意事项，如停运车次、车型不匹配，旅客须换乘，下次列车的旅客售票信息，可否合并旅客、晚点等情况，使应急处置在选择最优方案时，能全面评估各方面影响因素，做出正确选择。

第四节　高速铁路调度标准化管理体系的构建

高速铁路调度指挥管理体系是高速铁路运输管理的中枢。确保高速列车运行的安全和正常的运行秩序是高速铁路调度指挥体系的首要目标，高速铁路对调度指挥系统提出了更快、更高的要求，相应地建立适应我国高速铁路调度指挥的管理体系也就成为高速铁路运营的迫切需要。高安全、高速度、高密度、高正点率、集中控制、综合维修是高速铁路调度指挥的基本特点。高速铁路一流的设备、一流的技术需要紧紧围绕高速铁路运营带来的调度指挥新变化、新标准和新要求，去探索和构建高速铁路运营调度指挥体系，确保高速铁路运营安全高效，这是高速铁路发展的内在需求。面对我国东部高速铁路的迅猛发展，结合高速铁路调度指挥的实际情况，以确保高速铁路安全和正常的运行秩序为核心，从高速铁路调度组织、管理、作业、培训体系建设等四个方面的标准化工作入手，使之相互配合、相互协调，构建高速铁路调度指挥管理体系，并在实践的过程中不断优化、改进，使之日趋成熟，确保高速铁路运营顺利进行。

一、创建高速铁路调度科学组织体系

（一）创建高速铁路运营调度组织

以建设调度集中系统（CTC）为核心，打破传统思想束缚，构建实现运输调度指挥的自动集中控制和"所站车"一体化管理的组织体系。高速铁路行车指挥工作较之既有线铁路具有高度集中性。一个高速铁路调度管辖区段里程基本在 300~500km，管辖 15 个左右车站，除了部分枢纽客运站为车站控制外，绝大部分车站均为分散自律下的中心控制，日常运输工作由列车调度员统一指挥与操作，车站均不设车站值班员，高速铁路调度要承担既有线车站值班员岗位的工作。新的作业特点、作业方式使得高速铁路调度所承担的安全责任明显加大，安全关口明显前移。

（1）高速铁路列车调度台设主调和助调岗位，主调主要负责管辖区段的列车运行调整及调度指挥工作，助调主要负责办理接发列车、调车、施工维修作业工作。

（2）相应设置客服台和动车、供电、施工、综控调度台，并优化相关职责。特别是随着京沪高速铁路的开通运营，相应成立综控台，直接负责高速铁路车站闸机开放、语音广播、旅客乘车指引以及旅客交流工作。

（3）设置高速铁路值班副主任岗位，其主要职责是在值班主任的领导下，掌握高速铁路列车安全正点情况，对高速铁路非正常行车组织、应急处置等事宜进行安全盯控。

（4）沪宁、沪杭高速铁路开通运营后，为实现现场与调度所间信息的快速传递，上海局调度所还特设了动车信息台。该台人员由各机务段经验丰富的司机担当，主要负责在高速铁路非正常行车过程中对现场司机进行专业技术指导，动车信息台的设置在全路属于首创，运作经验受到原铁道部肯定。在原铁道部新的高速铁路岗位设置及职责文件中，已正式将动车信息台列入调度所管理。

这些不断优化设置的调度组织使得高速铁路调度指挥趋于整体、高效、快速化，实现高速铁路运输集中统一指挥、基础设施维修一体化管理。

（二）创建高速铁路调度人员标准

坚持按照新的管理体制、新的作业流程设置岗位、配备人员，按照高起点、高标准的要求配备高速铁路调度人员，坚持按照新的管理体制、作业流程设置岗位、配备人员，人员配备必须精干高效，体现兼职并岗、一岗多能的特点。其中列车调度员要具备既有客专、CTCS-2、电气化、动车组运营、防灾安全系统和 CTC 系统操作等知识，并具有大学本科学历水平，还兼有双线自动闭塞区段列车调度员岗位经历。同时，主调岗位突出应急处置能力和实践经验，年龄要求 35 岁以下；助调岗位则突出对 CTC 调度平台设备的操作运用熟练程度以及作业的标准化，年龄在 30 岁以下。

（三）严格调度人员选拔程序

按照高速铁路人员标准，坚持优中选优、高标准把好人员入口关，严格从既有线和生产骨干队伍中择优选拔。采取自愿报名、统一考试考核、择优录取的制度。首先通过理论考试选拔预选调度员，理论考试出题范围全覆盖高速铁路调度相关规章，经过集中组织的理论考试，按照成绩排序，再综合申报人员的工作经历，结合民主评议、工作表现以及调度应急处置能力水平，按照 1∶1.2 比例择优预录选高速铁路调度人员。然后进行 3 个月的全日脱产培训，包括参加由铁道部组织的高速铁路调度人员集中培训课程、由调度所技术教育室人员组织的规章学习、在设备厂家模拟系统上进行操作训练、自学过程中的疑难点集中解答，并通过严格的考试和考核，结合理论考试成绩、设备操作鉴定，最终确定高速铁路调度员人选。

（四）提高安全风险意识

高速铁路调度人员要提高安全敏感性。一是组织通过班前点名会、专题学习会、座谈会等多种学习形式，加强对高速铁路调度人员的安全风险意识教育，增强安全风险意识和大安全意识；二是认真吸取路内外安全事故的教训，举一反三、防微杜渐；三是立足于超前防范，想尽办法防止问题发生；四是将行动建立在对生产过程各个环节进行安全评估的基础上，全面考虑有可能出现的安全风险；五是不断推进调度安全文化的建立，形成人人讲安全、文化促安全、合力保安全的浓厚氛围。

二、创建高速铁路调度管理标准化体系

（一）作业标准化管理体系

以常态管理为主，根据高速铁路设备、作业、劳动组织新格局，科学合理地制定岗位职责，并制定作业制度、作业办法、作业流程，突出一日作业、一次作业、一项工作等管理标准，使得高速铁路调度员在日常指挥中有章可循、有标可对。同时，围绕高速铁路运营计划、组织、协调、控制和考核管理创建管理标准，每月初统一公布各专业调度室的安全考核情况，使之实现闭环的动态管理。同时，实施标准化示范岗创建活动，总体要求是所在岗位成员的职业道德好、业务技能高、岗位形象好、工作质量优、安全生产佳，能充分发挥模范带头作用。通过标准化示范岗的建设来全面推动调度岗位标准化作业的落实情况。

（二）规章制度标准化管理

1.研讨和梳理规章制度

根据调度集中和高速铁路调度指挥的需要，由技术教育室牵头，建立健全相关规章制度、作业标准，确保技术资料准确、及时提供。对调度指挥过程中暴露出的规章盲点和难点问题，要及制定应对措施和细化办法，同时采取定期研讨和梳理的方式，及时清理临时性制度办法。

2.优化信息管理平台

开发调度信息管理系统，其中的技术管理平台主要是为适应高速铁路新设备、新技术、新规章的管理需要，通过梳理、整合、建册、更新、维护，将其分门归类地进行实时管理，还增加设计应急预案和行车规章字段查询功能，便于查询和学习，实现行车规章、技术资料管理一体化。

3.总结高速铁路联调联试的经验

在联调联试过程中成立临时调度所，通过积极配合设备管理、施工单位的高速铁路试运行组织情况，提前掌握高速铁路设备使用、新技术原理、列车运行特点、作业组织方式、劳动体制等，提前制定高速铁路运营调度安全卡控措施、作业办法、作业标准、作业流程，并充分预想，结合实际，不断完善高速铁路运营管理体系。

三、施工组织标准化管理

（一）实现施工管理信息化

为使施工管理实现安全、有序、可控，可将调度施工管理纳入信息化管理轨道，建立施工日计划计算机管理系统，利用计算机高速处理数据的能力以及网络平台，实现铁路局范围内施工日计划上报、审批、调度命令拟定、施工日计划下达、接受确认、施工计划查询和施工情况分析等方面的计算机网络管理。

（二）严格执行登记、销记制度

严格执行单一指挥的原则。把握好威胁运输安全的三个时段：施工开始的时候、施工完了进行调试的时候、设备临时故障的时候。对涉及慢行的施工命令，做到专人负责编制，两人核对。同时注重列控限速原理、本岗位列控限速设置盲点的培训，加强对列控限速的安全卡控。

（三）严把调度命令关

施工管理不规范问题是诱发行车事故的重要因素，特别是因施工安全管理不规范和调度命令内容存在错误，引发性质严重的事故，教训十分深刻。例如，调度员发布调度命令不规范、天窗修与供电维修调度命令格式混用，危及现场施工人员的人身安全。施工调度台在施工命令管理中，施工项目所对应的施工限速缺失或不准确，容易造成漏发限速命令。由于施工主体单位有时不切实际，盲目误报，施工调度台没有严格审核，造成施工计划下达错误。为此，制定规范的调度命令编辑、审核、发布、传递、接受、回执等作业流程，确保调度命令内容和传递准确无误。

（四）建立工作联系制度

高铁作业体系下，车站不再参与行车工作。施工维修的登销记工作都在列车调度台完成。为确保每日施工维修作业安全顺利完成，上海局调度所与上海客专维修基地建立了工作联系制度。每日施工维修作业内容的确认、施工维修所需路用列车的转线运行计划，都要反复调整优化。施工维修结束后，及时交流作业组织中存在的问题，探讨优化作业办法，不断提高夜间天窗利用效率。为更好地掌握现场设备状态，从强化列车调度员运统登销记的培训入手，相关部门定期检查考核，及时提出整改意见。作业中将车站控制状态转换、路用列车调车转线为风险点，客专值班副主任亲自上台把关，确保施工安全。

四、安全及应急管理标准化储系

（一）安委会制度

充分发挥月度安全委员会作用，传达上级部门安全生产重要文件精神，研究解决调度安全生产中的重要事项，同时对上月度的安全工作情况进行集中分析，查找安全生产存在的问题，总结安全生产情况，明确本月安全生产重点任务、月度专项整治活动内容，确定月度安全关键班组和安全关键人。

（二）安全分析制度

（1）强化全面分析。充分利用现有的信息化手段，每日对日常概况表内记载的应急处置事件，采取录音监听、调监回放、运行图查看和调度命令检查等多种形式，有针对性地进行全面的分析，重点对调度员在应急处置过程中规章的运用、运行秩序的调整、调度命令的发布和对现场的指挥情况进行系统检查分析，分析潜在的安全风险，排查安全隐患。

（2）强化班分析。每日利用交班会时间，由专业调度室对一日调度工作进行点评，进行重点挂图分析，对当天的班组安全生产中存在问题进行剖析，发现和指出在各班组中存在的共性和倾向性问题，对一些好的做法也进行宣传，促进班组相关人员不断提高工作质量，有效提高班组安全互控、他控能力。

（三）全面实施安全风险管理

传统的安全管理采用"事故管理"方式，即当事故发生后进行事故分析，排查故障，消除隐患，确保不再次发生此类事故。但高速铁路事故的严重性和不确定性，使之不能坐等事故的发生，再进行安全分析。为把安全风险降到最低，构建了新型安全管理体系，即安全风险源（点）识别，把安全工作重心放到"隐患管理""过程控制"上，将安全关口前移，从传统的"事故管理"向"隐患管理"转变。围绕高速铁路、旅客列车等安全关键，从设备设施、安全管理、人员素质、规章制度、外部环境、自然灾害等方面，深入挖掘，研究识别、不断收集在高速铁路运营中存在的安全风险源（点），通过识别风险、风险评估、制定措施、控制风险四个阶段的组织实施，形成调度安全风险源（点）库，实行动态管理和日常掌控，不断提高风险识别、控制和管理的能力，大大提高高速铁路调度安全管理水平，也将高速铁路安全风险降到最低。通过突出人员、设备、环境、管理四大要素，排查和梳理调度工作中存在的各类安全风险，积极探索、研究、建立调度安全风险管理办法，动态明确安全风险源排查、风险点确定、动态检查、过程控制、全程考核等要求，明确各级安全管理人员、各岗位作业人员的安全风险管理和作业要求，强化对关键作业、关键环节、关键岗位、关键时段的检查和卡控，确保安全风险管理全方位、全闭环，形成具有调度特色的安全风险管理。

（四）细化应急处置预案

铁路局应急预案是应急管理工作的标准和依据，调度所指派专人负责应急处置办法"修废补建"工作，将调度应急处置办法按照"通用办法""客专通用办法""200~250km办法""300~350km办法"分门别类，并制作应急处置卡片，方便调度员学习掌握、遇到问题时快速理顺处置思路，做到应急处置果断正确。同时，调度应急预案是对路局管理预案的细化和补充，在实践中越具体，细化措施才能事半功倍。针对高速铁路列控设备故障时由此可能导致的动车组在区间被迫停车、CTC调度指挥设备故障、集控站信号设备故障、线路设备故障、接触网故障及突发自然灾害等，分门别类地细化作业流程并制定相关细化措施。

（五）应急处置演练

围绕高速铁路设备故障、非常态运行组织、安全薄弱环节，有针对性、有计划地组织应急演练，检查应对各种可能发生的紧急情况的适应性及各工种调度员之间的相互协作与协调程度，检查信息沟通渠道是否完善、各部门间协调机制运转是否顺畅，演练验证了应急预案是否可行，也发现了预案中存在的问题，并找出科学根据修正预案，从而增强信心，提高高速铁路调度员技术及业务能力。根据CTC调度指挥系统分散自律状态下的特点，进行了列车与调车进路手工排列、相关调度命令的发布、调车联控用语规范等方面的演练，切实肩负车站值班员和助理值班员职责，这也是适应高速铁路调度指挥真正实现分散自律作业的内在需要。通过演练讲评和总结，暴露预案中未曾考虑到的问题并找出改正的措施，不断完善预案的可操作性。例如，沪宁城际细化应急演练21项、京沪高速铁路细化应急演练12项，涵盖设备故障、非正常行车、突发交通事故、抢险救援等方面，形成了涉及层面多、可操作性强的应急演练体系。通过演练，使得调度员在突发情况下能够处变不惊、正确处置，在调度指挥实践中发挥了重要作用。

（六）正确及时启用热备动车组列车

受各种不确定因素影响，应急处置需要列车运行调整，高速铁路常用的方法是启用备用动车组，这是高速铁路列车运行秩序紊乱时快速恢复正常的一种快捷的列车运行特殊调整方法，已得到了广泛应用。热备是指司机检车完毕，列车状态完好，司机在驾驶室处于待命状态，可以通过调度命令随时开出。从某种程度上讲，启用热备动车组是综合性的应急处置调整措施，在安排热备车组时应注意以下几个方面：

（1）启用原则。要尽量减少空载率，提高利用率。

（2）启用时机是关键。热备动车组救援出动条件是动车组出库后运行途中发生故障无法继续运行（司机或机械师必须在 10min 内报告判断结果）时，或是行车设备发生故障以及运行秩序不正常，造成动车组车底接不上交路时。

（3）出动要及时。动车组配属局调度所接到动车组出动命令后，立即（3min 内）向有关单位下达热备动车组出动的调度命令，组织有关单位必须在接令后 10min 内完成热备动车组的调车、整备、司乘人员配备等项工作，具备发车条件。

（4）运行中要有优先权。对热备动车组和临时替换故障动车组的客车底应优先放行，确保及时到位及返回归位。

（5）不断积累和总结启用热备动车组列车的典型案例，并请相关调度员进行示范，或是围绕一个案例进行多种启用方案的讲评。

（七）全面强化干部考核工作

调度所中层干部对调度员月度安全生产履职情况进行考核，及时上报安全生产事故隐患，处理相关隐患，将隐患消灭在萌芽状态。涉及上级部门协调解决的问题，要对安全风险自评估情况集中进行梳理、分析，明确处理意见和处理部门，并反馈至相关科室进行整改，加强调度指挥现场控制。对需要上报铁路局的安全生产事故隐患，统一向上级部门发文协调处理。

五、创建高速铁路调度培训标准化体系

（一）制定全日制高速铁路调度人员的培养方案

《高速铁路调度规则》对高速铁路主调和助调提出了明确的学历要求和任职经历要求。为此调度所近几年补充了大批全日制本科大学生。为使他们尽快熟悉行车工作，适应岗位要求，精心制定了培养方案。通过与人事处、编组站、客运站多次协商，详细制定了他们的车站值班员岗位培养计划，安排他们在车站值班员岗位上锻炼 1 年，使其熟悉联锁闭塞及通信信号设备的使用方法，熟知系统操纵按钮的作用和使用方法，熟知车站行车闭塞方法和接发列车作业程序及用语，非正常情况下办理行车和调车有关作业等具体项点。还要求掌握车站能力紧张时股道灵活运用技能，熟悉和实践有关规章制度，胜任非正常行车和岗位要求。实践证明，经过现场锻炼，他们都顺利通过车站值班员岗位资格鉴定，又安排他们到非繁忙干线学习列车调度员，独立定岗具备相关调度指挥经验后，安排到繁忙干线学习并承担起骨干力量，再到高速铁路调度台从事助理调度员岗位，在具备相应调度指挥经验后再安排到主调岗位。通过签订师徒合同、跟踪培养考核

等方式促其经受历练、不断快速成长。最后做到所有高速铁路调度员必须通过由总公司组织的考试、考评合格，并取得合格证后方能上岗。

（二）多渠道、多角度创新高速铁路运营培训方式

（1）周密安排培训计划并按时间节点落实到位，组织对高速铁路新知识的学习。其中高速铁路技术概论包括线路、通信信号、牵引供电、动车组、行车闭塞、列车控制系统、列控限速系统等，运输组织知识包括运输组织模式、列车开行方案、动车组运用、施工组织、列车调度指挥等。

（2）充分利用现场资源实时组织调度员下现场进行观摩学习。例如，沪宁城际、沪杭高铁、京沪高速铁路联调联试阶段分批组织相应调度员深入沿线车站实地查看股道、线路，登乘动车司机室体验，在增强他们感性认识的同时，掌握科学调度的第一手资料。

（3）多渠道充实培训师资力量。聘请原铁道部科学研究院专家、同济大学教授、路局学科带头人、铁路调度管理专家、高速铁路设备单位技术人员等对高速铁路调度员进行专题培训。同时，邀请铁路局企业管理学会的管理专家以及党校教师，对管理科学、心理压力疏导、核心价值观等内容进行讲解以适应高速铁路调度岗位的要求。

（4）选送调度骨干人员参加总公司、路局组织的培训班。几年来围绕供电、动车车辆、运营调度等方面，共选送人员100多人次。为让调度员尽快掌握高速铁路调度技术，与调度设备生产厂家联系，聘请厂方技术骨干为专职教师，采取送员入厂、封闭培训、计算机模拟操作等形式，全程指导高速铁路调度人员实际操作，提高调度人员的实际操作水平。

（5）对调度指挥系统和列控、防灾系统设备的安装、调试，安排技术人员配合铁路局业务处室、设备厂家全程介入，逐项验收，确保调度指挥系统设备投入使用后的稳定性、可靠性，注重使用中对设备存在的不足、缺陷进行跟踪登记造册，并提交相关管理单位，实行销号制度，确保高速铁路安全运营。从中根据设备运用的性质与特点，对制定作业标准、安全控制措施奠定了物质基础。

（6）组建一支有前期客专联调联试经验的调度专业队伍，成立临时调度所积极配合设备管理、施工单位精心组织设备联调联试，确保高速铁路设备设施质量动态达标、系统集成功能整体最优，在联调联试过程中锻炼高速铁路调度队伍。

（7）集中对规章难点、疑点进行讨论研究强化培训，并编写高速铁路调度员培训教材，打破调度技能培训没有教材的历史，同时在培训过程中精心编制教案，采取多媒体的方式定期组织调度人员学习讨论、总结经验，使培训效果事半功倍。

（8）应用各种仿真理论和现代仿真技术，实现各调度相关工种的仿真集成环境，建

立起一个综合、集中、透明的现代化调度指挥仿真系统，为调度员提供先进的调度指挥训练环境，提高应急处置能力和列车运行调整能力，实现分析和调度员培训、实作考核功能，提高调度人员的实战能力。

参考文献

[1] 齐凤，薛贵明 . 铁路运输法规 [M]. 北京：北京交通大学出版社，2018.

[2] 石纪虎，孙创前 . 铁路运输法学教程 [M]. 北京：中国铁道出版社，2017.

[3] 薛峰 . 高速铁路运输组织方法与实践 [M]. 成都：西南交通大学出版社，2019.

[4] 王运敏，汪为平 . 露天矿陡坡铁路运输 [M]. 北京：冶金工业出版社，2017.

[5] 曲思源 . 铁路运输组织管理与优化 [M]. 北京：中国铁道出版社，2016.

[6] 佟罡，冯俊杰，李海荣 . 铁路运输调度工作 [M]. 成都：西南交通大学出版社，2015.

[7] 杨浩 . 铁路运输组织学 [M]. 北京：中国铁道出版社，2015.

[8] 王德芳，周洪志 . 铁路运输与设备 [M]. 北京：中国铁道出版社，1994.

[9] 赵吉山，肖贵平 . 铁路运输安全管理 [M]. 北京：中国铁道出版社，1999.

[10] 钱名军，宋建业 . 普通高等教育十五国家级规划教材 铁路运输调度指挥与统计分析：第 2 版 [M]. 北京：中国铁道出版社，2020.

[11] 王喜富，等 . 矿区铁路运输 [M]. 徐州：中国矿业大学出版社，2000.

[12] 张开冉，张南 . 铁路运输安全管理 [M]. 成都：西南交通大学出版社，2014.

[13] 古清杨，冯丽，等 . 铁路运输 [M]. 呼和浩特：远方出版社，2005.

[14] 贾利民，王莉，秦勇 . 突发事件下高速铁路运输组织 理论与应用 [M]. 北京：北京交通大学出版社，2017.

[15] 王明慧 . 铁路运输管理论集 [M]. 成都：西南交通大学出版社，2012.

[16] 李海军，张玉召，杨菊花 . 铁路运输设备 [M]. 成都：西南交通大学出版社，2012.

[17] 宋瑞 . 铁路运输设备 [M]. 北京：中国铁道出版社，2012.